二十一世纪普通高等教育人才培养“十三五”系列规划教材
ERSHIYI SHIJI PUTONG GAODENG JIAOYU RENCAI PEIYANG SHISANWU XILIE GUIHUA JIAOCAI

中级财务会计

（第二版）

主　编○李　焱　唐湘娟
副主编○温　莉　王林洲　王健胜　胡　伟

西南财经大学出版社
Southwestern University of Finance & Economics Press

图书在版编目(CIP)数据

中级财务会计／李焱等主编．—2版．—成都：西南财经大学出版社，2017.1

ISBN 978-7-5504-2822-5

Ⅰ.①中… Ⅱ.①李… Ⅲ.①财务会计 Ⅳ.①F234.4

中国版本图书馆CIP数据核字(2017)第002613号

中级财务会计(第二版)

主　编：李　焱　唐湘娟

副主编：温　莉　王林洲　王健胜　胡　伟

责任编辑：李晓嵩

封面设计：何东琳设计工作室

责任印制：封俊川

出版发行	西南财经大学出版社(四川省成都市光华村街55号)
网　　址	http://www.bookcj.com
电子邮件	bookcj@foxmail.com
邮政编码	610074
电　　话	028-87353785　87352368
印　　刷	郫县犀浦印刷厂
成品尺寸	185mm×260mm
印　　张	14.25
字　　数	320千字
版　　次	2017年1月第2版
印　　次	2017年1月第1次印刷
印　　数	1—3000册
书　　号	ISBN 978-7-5504-2822-5
定　　价	32.00元

前 言

根据我国企业会计准则的修改和完善，笔者结合自己在教学工作中的实际情况，在吸取他人优点和长处的基础之上，重新对《中级财务会计》教材的内容做了设计和编排，以满足“工学结合”与“项目教学”的要求。

本书适用于财经类高等院校在校学生、参加自学考试的财经类专业自考人员以及热爱会计工作的社会在职人员。

本书在编写的过程中，主要体现了以下几个方面的特色：

一、经济业务处理会计模板化

目前市场上多数《中级财务会计》教材对会计业务处理重文字叙述、轻会计业务处理，许多初学者学习后对具体发生的经济业务无法正确编制会计记账凭证。为了改变这一状况，本书在编写过程中，针对每一种类型的经济业务，总结出在一般发生情况下的会计业务处理模板，即对于某种类型的经济业务的发生，在进行简单的文字叙述的同时，指出借方会出现哪些会计科目，贷方会出现哪些会计科目，为初学者总结出某类型经济业务发生时的会计业务处理模板。这就为他们编制正确的会计分录提供了一个指南或参照物，有利于初学者学习和掌握中级财务会计专业知识。

二、紧密结合工作实际情况，设计了完整、系统的实训题库

为了让学生牢固掌握中级财务会计相关专业知识，笔者结合企业实际财务工作的要求，具有针对性地设计编写了实用、系统的《中级财务会计技能实训》教材。技能实训与本书同时发行，可以同本书配套使用，也可以单独使用。该书针对每一个项目实训设计了实训目的、实训内容、实训要求三个部分，有利于学生明白每一个项目实训应该达到的目标及实训作用。通过系统的实训，有助于学生掌握中级财务会计的相关专业知识，为他们今后顺利地走上会计工作岗位做好会计工作奠定了坚实的基础。

为了增强学生的自学能力，使学生明白自己处理的会计业务正确与否，技能实训对每一个实训项目都附有详细的计算过程及会计分录，有利于学生明白自己在实训时产生错误的环节和原因，从而发现自己在中级财务会计专业知识学习中存在的问题和不足之处，为今后改进自己的学习方法和学习技巧指明了方向。

三、紧跟会计准则的变化，体现了最新的会计专业知识

自新的企业会计准则实施以来，从大的方面来讲，我国的会计准则没有发生显著性、根本性的变化，但从小的方面来讲，我国的会计准则还是有些细微变化之处。在教材编写过程中，最新变化的会计准则内容在本书中都有详细的体现和运用，有利于学生掌握最新的会计专业知识。

本书由温莉负责资产部分的编写工作，由李焱负责负债及所有者权益部分的编写工作，并由李焱负责本书编写的策划及统稿工作，王健胜对《中级财务会计技能实训》一书的编写工作提出了许多建设性的意见和建议，唐湘娟负责全书的审核工作。

由于编者水平有限，本书难免会存在一定错误，恳请读者提出批评和建议，我们将虚心接受读者的批评和建议。主编联系方式：liyan5903@126.com。

编　者

2017 年 1 月于广州

目 录

第一章　总论

【本章学习重点】

（1）财务会计的含义、特征及目标；

（2）会计四大基本假设；

（3）会计信息质量要求；

（4）会计六要素。

第一节　会计的特征

一、财务会计的特征

财务会计以会计准则为依据，通过填制凭证、登记账簿、编制会计报告等方法，确认和计量企业资产、负债、所有者权益的增减变化，反映收入的取得、费用的发生和归属以及净收益的形成及分配，定期以财务报告的形式提供企业的财务状况、经营成果和现金流量的情况，并通过分析会计报告，客观评价企业的经营业绩、偿债能力和获利能力，对企业的经营情况做出全面反映。因此，财务会计具有以下特征：

（一）对外提供通用的财务报告

现代社会中，会计信息的需求者众多，既有企业外部的投资者、债权人、政府机构，也有企业内部管理当局。财务会计的主要任务是向企业外部与企业存在经济利益关系的各方提供财务报告，满足外部会计信息使用者的需要。由于企业外部与其利益相关的集团或个人众多，他们需要的决策信息千差万别，因此财务会计并不是也不可能针对某一外部会计信息使用者提供财务报告，满足其个别决策的需要，而是通过定期编制通用的“资产负债表”“利润表”“现金流量表”和“所有者权益变动表”，向企业外部会计信息使用者传递企业财务状况、经营成果、现金流量等会计信息，反映企业管理层受托责任履行情况，有助于财务报告使用者做出经营决策。

（二）以会计准则规范会计核算

在所有权与经营权相分离的情况下，财务报告是由企业管理当局负责编报的，而财务报告的使用者主要是来自企业的外部。会计信息的外部使用者远离企业，不直接参与企业的日常经营管理，而主要通过企业提供的财务报告获得有关的经济信息。因此，财务会计信息的质量是企业外部会计信息使用者关注的焦点。为使财务会计提供的会计信息真实、可靠，防止企业管理者在会计报表中弄虚作假，财务会计必须严格遵循会计准则，并按照法定的程序对有关资料进行归类整理，定期提供反映企业财务状况和经营成果的财务报告。

（三）运用传统会计的方法和程序开展会计活动

财务会计是传统会计演化而来的，沿用了传统会计中有关确认、计量、记录等方法及程序，对企业的经济活动进行有效反映和监督。同时，财务会计是在传统会计基础上的进一步发展，将传统会计的方法、程序提高到一定的会计理论高度，并以公认会计原则的形式使之系统化、条理化和规范化，形成较为严密而稳定的基本结构。

二、财务报告的目标

企业财务会计的目的是通过向企业外部会计信息使用者提供有用的信息，帮助使用者做出相关决策。承担这一信息载体和功能的是企业编制的财务报告，财务报告是财务会计确认和计量的最终结果，是沟通企业管理层与外部信息使用者之间的桥梁和纽带。因此，财务报告的目标定位十分重要。财务报告的目标定位决定着财务报告应当向谁提供有用的会计信息和应当保护谁的经济利益，这是编制企业财务报告的出发点。财务报告的目标定位决定着财务报告要求会计信息具有的质量特征，决定着会计要素的确认和计量原则，是财务会计系统的核心与灵魂。

通常认为，财务报告目标有受托责任观和决策有用观两种。在我国，企业会计准则规定，企业财务报告的目标是向财务报告使用者提供与企业财务状况、经营成果和现金流量等有关的会计信息，反映企业管理层受托责任履行情况，有助于财务报告使用者做出经营决策。

财务报告目标要求满足投资者等财务报告使用者决策的需要，体现为财务报告的决策有用观；财务报告要求反映企业管理层受托责任的履行情况，体现为财务报告的受托责任观。财务报告的决策有用观与其受托责任观是统一的，投资者出资委托企业管理层经营，希望获得更多的投资回报，实现股东财富的最大化，从而进行可持续投资。企业管理层接受投资者的委托从事生产经营活动，努力实现资产的安全完整、保值增值，防范风险，促进企业可持续发展，就能够更好地、持续地履行受托责任，以为投资者提供回报，为社会创造价值，从而构成企业经营者的目标。由此可见，财务报告目标的决策有用观和受托责任观是有机统一的。

第二节　会计基本假设

会计基本假设是指一般在会计实践中长期奉行、无需证明便为人们所接受的前提条件。为保证会计信息的一致性和符合财务报告的目标，财务会计要在一定的假设条件下才能确认、计量、记录和报告会计信息，并能使会计核算对所处的变化不定的会计环境做出的合乎情理的判断。我国的会计基本假设有四项，包括会计主体、持续经营、会计分期、货币计量。

一、会计主体

会计主体是指会计工作所服务的特定单位。会计主体假设要求企业对其本身发生的交易或者事项进行确认、计量和报告，反映企业本身从事的各项生产经营活动。会计主体基本前提的实质在于它规定了企业会计确认、计量和报告的空间范围。

明确界定会计主体是开展会计确认、计量和报告工作的重要前提。一方面，明确会计主体，才能划定会计所要处理的各项交易或事项的范围。在会计实务中，只有那些影响企业本身经济利益的各项交易或事项才能加以确认、计量和报告。另一方面，明确会计主体，才能将会计主体的交易或者事项与会计主体所有者的交易或者事项以及其他会计主体的交易或者事项区分开来。

会计主体不同于法律主体。一般说来，法律主体必然是一个会计主体。例如，一个企业作为一个法律主体，应当建立财务会计系统，独立反映其财务状况、经营成果和现金流量。但是，会计主体并不一定是法律主体。例如，一个生产性公司下设五个生产车间，为了独立反映每一个生产车间的生产经营状况，可以按每一个生产车间设立一套账，这样每一个生产车间就变成了一个会计主体，但每一个生产车间并不是一个法律主体。在这种情况下，每一个生产车间尽管不是法律主体，但可以是会计主体。

二、持续经营

持续经营是指在可以预见的将来，企业将会按当前的规模和状态继续经营下去，不会停业，也不会大规模削减业务。在持续经营的前提下，会计确认、计量和报告应当以企业持续、正常的生产经营活动为前提。因此，在这个基本前提下，会计便可认定企业拥有的资产将会在正常的经营过程中被合理地支配和耗用，企业的债务也将在持续经营中得到有序的补偿。例如，以持续经营为前提，企业取得固定资产时，按取得成本而非清算价格予以计价，并且在持续经营期间视其耐用年限将其价值分配转移，即以计提折旧的方式将购置固定资产的成本分摊到各个会计期间中去。

持续经营的前提是认定企业的生产经营活动中的资产总以原定的用途被使用、消耗，其资产的现时价值并不重要。倘若持续经营前提不存在，历史成本计价基本原则以及一系列的会计准则和会计方法也将失去存在的基础，就不能客观地反映企业的财务状况、经营成果和现金流量，以致会误导会计信息使用者的经济决策。

因此，持续经营假设为固定资产计提折旧、费用分摊等会计问题的解决提供了理论基础。

三、会计分期

企业应当划分会计期间，分期结算账目和编制财务报告。会计分期是指将会计主体持续不断的经营活动人为地划分为相等的、较短的会计期间，以便分期考核其经营活动的成果。企业以持续经营为理念，但是债权人和投资人乃至经营者却不能等到经济活动完全结束（承包期满或解散）才核算一次盈亏，这就促使企业将经营活动划分为一个个连续的、长短相同的期间，据以记录经济业务、结算账目、编制会计报表，及时反映一定日期的财务状况和一定期间的经营成果、现金流量的信息。

会计分期的意义在于界定了会计信息的时间段落，产生了本期与非本期的区别，为历史成本计价、权责发生制、可比性原则等奠定了基础。会计期间分为年度和中期。中期是指短于一个完整的会计年度的报告期间，如半年、季度或者月度。

因此，会计分期假设的主要作用是便于及时发现企事业单位在生产经营过程中存在的问题，及时采取切实有效的改善措施，保证企事业单位的生产经营活动正常进行下去。

四、货币计量

企业会计应当以货币为主要计量单位。货币计量是指会计主体在财务会计确认、计量和报告时以货币作为主要计量尺度，反映会计主体的生产经营活动。这样便于不同企业提供的会计信息可比。企业的会计核算一般以人民币为记账本位币，业务收支以人民币以外的货币为主的企业，可以选定其中一种货币作为记账本位币，但是编报的财务报告应当折算为人民币。

上述会计核算的四项基本假设，具有相互依存、相互补充的关系。会计主体确立了会计核算的空间范围，持续经营与会计分期确立了会计核算的时间长度，而货币计量则为会计核算提供了必要手段。

第三节　会计信息质量

会计信息质量要求是对企业财务报告中提供会计信息质量的基本要求，是使财务报告中提供的会计信息对投资者等信息使用者决策有用应具备的基本特征。会计信息质量要求主要包括可靠性、相关性、可理解性、可比性、实质重于形式、重要性、谨慎性和及时性等。

一、可靠性

可靠性要求企业应当以实际发生的交易或者事项为依据进行会计确认、计量和报告，如实反映符合确认和计量要求的各项会计要素及其他相关信息，保证会计信息真实可靠、内容完整。

会计信息若要有用，必须以可靠性为基础，如果财务报告提供的会计信息是不可靠的，就会对投资者等会计信息使用者的决策产生误导甚至带来损失。为了贯彻可靠性要求，企业应当做好以下工作：

第一，以实际发生的交易或者事项为依据进行确认、计量，将符合会计要素定义及其确认条件的资产、负债、所有者权益、收入、费用和利润等如实反映在财务报表中。

第二，在符合重要性和成本效益原则的前提下，应保证会计信息的完整性，其中

包括应当编报的报表及其附注内容等应当保持完整，不能随意遗漏或者减少应予披露的信息。

第三，财务报告中的会计信息应当是中立的、无偏的。如果企业在财务报告中为了达到事先设定的结果或效果，通过选择或列示有关会计信息以影响决策和判断，这样的财务报告信息就不是中立的。

二、相关性

相关性要求企业提供的会计信息应当与财务报告使用者的经济决策需要相关，有助于财务报告使用者对企业过去、现在或者未来的情况进行评价或者预测。也就是说，会计信息是否有用、是否有价值，关键看其与使用者的决策需要是否相关、是否有助于决策或提高决策水平。

对于会计信息质量的相关性要求，需要企业在确认、计量和报告会计信息的过程中，充分考虑使用者的决策模式和信息需要。但是，相关性是以可靠性为基础的，两者之间并不矛盾，不应将两者对立起来。也就是说，会计信息在可靠性的前提下，尽可能地做好相关性，以满足投资者等财务报告使用者的决策需要。

三、可理解性

可理解性要求企业提供的会计信息应当清晰明了，便于财务报告使用者理解和使用。

可理解性是指会计核算和编制的财务报告应当清晰明了，便于了解和运用。会计信息的价值在于对信息使用者的决策有用，因而必须使信息使用者理解会计分录乃至编制报告语言、方法的含义和用途，而且可理解性原则应贯穿于会计凭证开始的各个阶段。对于某些复杂的信息，如交易本身较为复杂或者会计处理较为复杂，但与使用者的经济决策相关，企业就应当在财务报表中充分披露。

四、可比性

可比性要求企业提供的会计信息应当具有可比性。可比性包括以下两方面含义：

（一）同一企业纵向可比

会计信息质量的可比性要求同一企业不同时期发生的相同或者相似的交易或事项应当采用一致的会计政策，不得随意变更。确需变更的，应当在附注中说明。例如，企业将存货计价从先进先出法改为加权平均法，会对存货发出成本和留存存货价值产生不同的影响，附注中应该说明。

（二）不同企业横向可比

会计信息质量的可比性要求不同企业发生的相同或者相似的交易或事项应当采用规定的会计政策，以确保会计信息口径一致、相互可比。企业经营的好坏、资产情况如何，可通过企业之间会计报表信息的比较来反映，如果企业记账都口径一致，无疑其可比性增强。可比性原则以客观性原则为基础，并不意味着不能有任何其他选择，只要这种选择仍然可以进行有意义的比较。例如，为了如实反映应收账款的风险，可以根据实际情况选择计提坏账准备比例。

五、实质重于形式

实质重于形式要求企业应当按照交易或事项的经济实质进行会计确认、计量和报告，不应仅以交易或者事项的法律形式为依据。如果企业的会计核算仅仅按照交易或事项的法律形式或人为形式进行，而其法律形式或人为形式又未能反映其经济实质和经济现实，那么会计核算的结果不仅不会有利于会计信息使用者的决策，反而会误导会计信息使用者的决策。例如，将融资租入固定资产视同自有固定资产进行会计处理，就是遵循实质重于形式的原则。

六、重要性

重要性要求企业提供的会计信息应当反映与企业财务状况、经营成果和现金流量等有关的所有重要交易或事项。企业的会计核算应当遵循重要性原则，在会计核算过程中对交易或事项应当区别其重要性程度，采用不同的核算方法。对资产、负债、损益有较大影响，并进而影响财务报告使用者据以做出合理判断的重要会计事项，必须按照规定的会计方法和程序进行处理，并在财务报告予以充分、准确地披露；对于次要的会计事项，在不影响会计信息真实性和不至于误导财务报告使用者做出正确判断的前提下，可适当简化处理。例如，某项资产过少可不单独在财务报告中列报，而在财务报告中合并反映。重要性原则与会计信息成本效益直接相关，坚持重要性原则能使提供会计信息的收益大于成本。

在实务中，如果某会计信息的省略或者错报会影响投资者等财务报告使用者据此做出决策的，该信息就具有重要性。重要性的应用需要依赖职业判断，企业应当根据其所处环境和实际情况，从项目的性质和金额大小两方面加以判断。

七、谨慎性

谨慎性要求企业对交易或事项进行会计确认、计量和报告应当保持应用的谨慎，不应高估资产或收益、低估负债或费用。谨慎性原则是指会计人员对存在不同会计处理程序和方法的某些经济业务或会计事项，应在不影响合理反映的前提下，尽可能选择不虚增利润和夸大使用者权益的会计处理程序和方法进行会计处理。当有多种会计方法供选择时，企业应当遵循谨慎性原则的要求，不得多计资产或收益、少计负债或费用，也不得设置秘密准备。

八、及时性

及时性要求企业对于已经发生的交易或事项，应当及时进行会计确认、计量和报告，不得提前或者延后。在会计确认、计量和报告过程中贯彻及时性，企业应做好以下工作：

第一，要求及时收集会计信息，即在经济交易或事项发生后，及时收集整理各种原始单据或者凭证。

第二，要求及时处理会计信息，即按照会计准则的规定，及时对经济交易或事项进行确认或者计量，并编制财务报告。

第三，要求及时传递会计信息，即按照国家规定的有关时限，及时地将编制的财务报告传递给财务报告使用者，便于其及时使用和决策。

上述八个会计信息质量要求中，可靠性、相关性、可理解性、可比性是会计信息的首要质量要求，是企业财务报告提供会计信息应具备的基本质量特征；实质重于形式、重要性、谨慎性和及时性是会计信息的次要质量要求，是对可靠性、相关性、可理解性和可比性首要质量要求的补充和完善。及时性还是会计信息相关性和可靠性的制约因素，企业需要在相关性和可靠性之间寻求一种平衡，以确定信息及时披露的时间。

例 1-1：

A 公司拥有 B 公司 40%的表决权资本，C 公司拥有 B 公司 30%的表决权资本。A 公司与 C 公司达成协议，C 公司在 B 公司的权益由 A 公司代表。那么，A 公司对 B 公司是控制关系还是具有重大影响？

解析：

本例中，A 公司实质上控制 B 公司。

如果仅从 A 公司拥有 B 公司 40%的表决权资本的角度来分析，A 公司未能对 B 公司实施控制，A 公司只对 B 公司具有重大影响。如果仅从 C 公司拥有 B 公司 30%的表决权资本的角度来分析，C 公司也未能对 B 公司实施控制，C 公司也只对 B 公司具有重大影响。

但 A 公司与 C 公司达成协议，C 公司在 B 公司的权益由 A 公司代表。根据实质重于形式的会计信息质量要求，在这种情况下，A 公司实质上拥有 B 公司 70%的表决权资本的控制权，表明 A 公司实质上控制 B 公司。

第四节　会计的六要素

企业会计的对象与企业经济活动的内容密切相关，但不是企业经济活动的全部内容，企业会计的对象仅指能够用货币表现的资金运动。以工业企业为例，工业企业的资产运动按其运动的程序可分为资金投入、资金使用、资金收回三个基本环节。随着企业供、产、销过程的不断进行，企业的资金也在不断地进行着循环和周转，即由货币资金转化为固定资金、储备资金，再转化为生产资金、成品资金，最后又转化为货币资金。会计要依次反映各阶段的资金运动，这种资金运动也就构成了工业企业会计的一般对象。

会计要素是根据交易或事项的经济特征确定的财务会计对象和基本分类。对上述资金运动进行细致的描述即可看出：企业的资金可表现为保持货币形态的资金、原材料占用的资金、固定资产占用的资金、处于生产过程中的在产品占用的资金和完成生产过程待对外销售产成品占用的资金，我们将这些占用资金的项目统称为资产。企业的资金主要来自于两个方面，即从债权人处取得的部分和企业所有者投入的部分。人们习惯上把前者称为负债，把后者称为所有者权益。企业外销产品取得的货币资金是企业运用资金取得的成果，称为收入；而企业为取得收入而耗费资产的货币数额称为费用；收入与费用之间的差额称为利润。上述资产、负债、所有者权益、收入、费用和利润，就是一般所说的会计要素。可见，会计要素可以使会计对象、会计凭证和会计报表有机地联系起来。

上述会计要素中的资产、负债和所有者权益是企业财务状况的静态反映，可视为资产负债表要素；收入、费用和利润是从动态方面来反映企业的经营成果，可视为利润表要素。人们利用六个会计要素，就可以从静态和动态两方面来描述企业的经济活动。

一、反映企业财务状况的会计要素

财务状况是指企业一定日期的资产及权益状况，是资金运动相对静止状态时的表现。一个企业的财务状况可通过以下会计要素反映：

（一）资产

资产是指企业过去的交易或事项形成的、由企业拥有或控制的、预期会给企业带来经济利益的资源。资产按其流动性不同，分为流动资产、长期股权投资、固定资产、无形资产及其他资产。根据资产的定义，资产具有以下特征：一是资产应为企业拥有或者控制的资源；二是资产预期会给企业带来经济利益；三是资产是由企业过去的交易或者事项形成的。

将一项资源确认为资产，需要符合资产的定义，还应同时满足以下两个条件：一是与该资源的有关经济利益很可能流入企业；二是该资源的成本或者价值能够可靠计量。

（二）负债

负债是指企业过去的交易或者事项形成的、预期会导致经济利益流出企业的现时义务。负债按其流动性的不同，分为流动负债和非流动负债。根据负债的定义，负债具有以下特征：一是负债是企业承担的现时义务；二是负债预期会导致经济利益流出企业；三是负债是由企业过去的交易或事项形成的。

将一项现时义务确认为负债，需要符合负债的定义，还应当同时满足以下两个条件：一是与该义务有关的经济利益很可能流出企业；二是未来流出的经济利益的金额能够可靠计量。

（三）所有者权益

所有者权益是指企业资产扣除负债后，由所有者享有的剩余权益。企业的所有者权益又称为股东权益。所有者权益是所有者对企业资产的剩余索取权，是企业资产中扣除债权人权益后应由所有者享有的部分，既可反映所有者投入资本的保值增值情况，又体现了保护债权人权益的理念。

所有者权益的来源包括所有者投入的资本、直接计入所有者权益的利得和损失、留存收益等，通常是由实收资本（股本）、资本公积、盈余公积和未分配利润构成。其中，利得是指由企业非日常活动形成的、会导致所有者权益增加的、与所有者投入资本无关的经济利益的流入，包括直接计入所有者权益的利得和直接计入当期利润的利得。损失是指企业非日常活动形成的、会导致所有者权益减少的、与所有者投入资本无关的经济利益的流出，包括直接计入所有者权益的损失和直接计入当期利润的损失。

所有者权益的确认和计量主要取决于资产、负债、收入、费用等其他会计要素的确认和计量，尤其是资产和负债的确认与计量。所有者权益即为企业的净资产，是企业资产总额中扣除债权人权益后的净额，反映所有者财富的净增加额。

所有者权益与负债都属权益，都表现为对企业资产的求偿权，都反映在资产负债表的右边。所有者权益与负债合计总额等于资产总额，但两者又有明显的区别，主要表现在以下几方面：

1. 对象不同

负债是企业对债权人负担的经济责任；所有者权益是企业对所有者负担的经济责任。

2. 清偿的次序不同

债权人有优先获取企业用以清偿债务的资产的要求权；所有者权益则是所有者对剩余资产的要求权，这种要求权在顺序上置于债权人的要求权之后。

3. 享有的权利不同

债权人只有获取企业用以清偿债务的资产的要求权，而没有经营决策的参与权和收益分配权；所有者则可以参与企业的经营决策及收益分配。

4. 偿还的期限不同

企业的负债通常都有约定的偿还日期，企业必须定期偿还；所有者权益在企业的存续期内一般不存在偿还问题，即不存在约定的偿还日期，是企业的一项可以长期使用的资金，只有在企业清算时才予以偿还。

二、反映企业经营成果的会计要素

经营成果是企业在一定时期内从事生产经营活动取得的最终成果，是资金运动显著变动状态的主要表现。一个企业的经营成果可以通过以下会计要素反映：

（一）收入

收入是指企业在日常活动中形成的、会导致所有者权益增加的、与所有者投入资本无关的经济利益的总流入，包括销售商品的收入、提供劳务的收入和让渡资产使用权而取得的收入等。收入的确认至少应当符合以下条件：一是与收入相关的经济利益很可能流入企业；二是经济利益流入企业的结果会导致资产的增加或负债的减少；三是经济利益的流入额能够可靠计量。

（二）费用

费用是指企业在日常活动中发生的、会导致所有者权益减少的、与向所有者分配利润无关的经济利益的总流出。我国规定的费用类项目有主营业务成本、其他业务成本、税金及附加、管理费用、销售费用、财务费用、所得税费用等。费用的确认至少应当符合以下条件：一是与费用相关的经济利益应当很可能流出企业；二是经济利益流出企业的结果会导致资产的减少或负债的增加；三是经济利益的流出额能够可靠计量。

（三）利润

利润是指企业在一定会计期间内的经营成果。利润是评价企业管理层业绩的指标之一，也是投资者等财务报告使用者进行决策时的重要参考。利润包括收入减去费用后的净额、直接计入当期利润的利得和损失等。利润分为两个层次，第一个层次为营业收入减去营业成本、税金及附加、管理费用、销售费用、财务费用，反映企业日常活动的经营业绩；第二个层次为再加或减直接计入当期利润的利得或损失，反映企业非日常活动的取得，即利润反映收入减去费用和利得减去损失后的净额。利润的计算公式如下：

利润=（收入-费用）+（利得-损失）

利润的确认主要依赖于收入和费用以及利得和损失的确认，其金额的确定也主要取决于收入、费用、利得、损失金额的计量。

例 1-2：

关于资产，有以下说法：

（1）资产由企业拥有或控制是指企业享有某项资源的所有权，或者虽然不享有某项资源的所有权，但该资源能被企业控制。

（2）预期在未来发生的交易或者事项也会形成资产。

（3）符合资产定义和资产确认条件的项目应当列入资产负债表；符合资产定义，但不符合资产确认条件的项目不应列入资产负债表。

你认为哪种说法是正确的？哪种说法是错误的？

解析：

资产是指企业过去的交易或者事项形成的、由企业拥有或控制的、预期会给企业带来经济利益的资源。因为资产是由企业过去的交易或者事项形成的，所以第二种说法是错误的，不符合资产的定义和特征。将一项资源确认为资产，需要符合资产的定义，还应同时满足以下两个条件：一是与该资源的有关经济利益很可能流入企业；二是该资源的成本或者价值能够可靠计量。因此，上述说法中，第一种说法和第三种说法是正确的，第二种说法是错误的。

第五节　会计要素的计量

会计计量是为了将符合确认条件的会计要素登记入账并列报于财务报表而确定其金额的过程。企业应当按照规定的会计计量属性进行计量，确定相关金额。计量属性是指予以计量的某一要素的特性。从会计角度讲，计量属性反映的是会计要素金额的确定基础，主要包括历史成本、重置成本、可变现净值、现值和公允价值等。

一、历史成本

历史成本又称为实际成本，就是取得或制造某项财产物资时实际支付的现金或其他等价物。在历史成本计量下，资产按照购置时支付的现金或者现金等价物的金额，或者按照购置资产时付出的对价的公允价值计量。负债按照因承担现时义务而实际收到的款项或资产的金额，或者承担现时义务的合同金额，或者按照日常活动中为偿还负债预期需要支付的现金或者现金等价物的金额计量。

二、重置成本

重置成本又称现行成本，是指按照当前市场条件，重新取得同样一项资产所需支付的现金或现金等价物金额。在重置成本计量下，资产按照现在购买相同或者相似资产所需支付的现金或现金等价物的金额计量。负债按照现在偿还该项债务所需支付的现金或现金等价物的金额计量。

三、可变现净值

可变现净值是指在正常生产经营过程中，以资产预计售价减去进一步加工成本和预计销售费用以及相关税费后的净值。在可变净值计量下，资产按照其正常对外销售所能收到的现金或者现金等价物的金额扣减该资产完工时估计将要发生的成本、估计的销售费用以及相关税费后的金额计量。可变现净值通常应用于存货资产减值情况下的后续计量。

四、现值

现值是指对未来现金流量以恰当的折现率进行折现后的价值，是考虑货币时间价值的一种计量属性。在现值计量下，资产按照预计从其持续使用和最终处置中产生的未来净现金流入量的折现金额计量；负债按照预计期限内需要偿还的未来净现金流出量的折现金额计量。

五、公允价值

公允价值是指在公平交易中，熟悉情况的交易双方自愿进行资产交换或者债务清偿的金额。在公允价值计量下，资产和负债按照在公平交易中，熟悉情况的交易双方自愿进行资产交换或者债务清偿的金额计量。

根据企业会计准则的规定，我国计量属性的应用原则是：企业在对会计要素进行计量时，一般应当采用历史成本；采用重置成本、可变现净值、现值、公允价值计量的，应当保证所确定的会计要素金额能够取得并可靠计量。

第二章　资金岗位核算

【本章学习重点】

（1）库存现金开支范围；

（2）库存现金会计核算；

（3）银行结算方式的种类及其会计核算；

（4）其他货币资金的内容及其会计核算。

第一节　库存现金的核算

在我国，现金一般是指库存现金。这是狭义的现金的概念，包括库存的人民币和外币。广义的现金不仅包括库存现金，还包括银行存款和其他符合现金定义的票据。

一、现金管理的基本原则

现金是流动能力最强的货币资金，但也有一定的适用范围的限制，并有相应条例对其进行严格的管理。现金管理就是对现金的收、付、存等各环节进行的管理。依据我国《现金管理暂行条例》的规定，现金管理的基本原则如下：

（一）收付合法原则

收付合法原则是指各单位在收付现金时必须依照国家的财经法规办理现金收支业务。这里所说的合法包括两层含义：一是现金的来源和使用必须合法；二是现金收付必须在合法的范围内进行。

（二）钱账分管原则

钱账分管，即管钱的不管账，管账的不管钱。一方面，非出纳员不得经管现金的收付业务和现金保管业务；另一方面，按照《中华人民共和国会计法》的规定，出纳员不得兼管稽核、会计档案保管和收入、费用、债权、债务账目的登记工作。当然，管钱的不管账，并不是说出纳员不能管理任何账，只要其所管的账与现金及银行存款无关或不影响内部牵制的总体要求即可。例如，出纳员在办理现金收付业务和现金保管的同时，还要登记现金日记账和编制现金日报表，由会计员登记现金总账。

（三）收付两清原则

收付两清原则是指为了避免在现金收支过程中发生差错，防止收付发生长款、短款，现金收付要做到相互复核，不论工作忙闲、金额大小或对象生熟，出纳人员对收付的现金都要进行复核，切实做到现金收付不出差错，收付款当面点清，以保证收付两清。

（四）日清月结原则

日清月结原则是指各单位必须做到对每天发生的现金收付业务，都要记入现金日记账，结出每天的库存现金余额，并把账面现金余额与实际库存现金余额核对，保证账实相符。

二、现金开支范围

按照《现金管理暂行条例》的规定，现金开支范围如下：

一是职工工资、津贴。

二是支付给个人的劳动报酬。

三是根据国家规定颁发给个人的科学技术、文化艺术、体育等各种奖金。

四是各种劳保、福利费以及国家规定的对个人的其他支出。

五是向个人收购农副产品和其他物资的价款。

六是出差人员必须随身携带的差旅费。

七是结算起点（1 000 元人民币）以下的零星支出。

八是中国人民银行确定的需要支付现金的其他支出。

不属于上述规定范围的款项支付应通过银行进行转账结算。

三、库存现金的限额

为了满足企业日常零星开支的需要，按照规定，企业可保持一定数量的库存现金。库存现金的限额是指企业根据日常开支的现金量提出计划，报开户银行审查，由开户银行根据企业的实际需要和企业距离银行远近情况核定的库存现金的最高限度。其限额一般按照企业 3~5 天内的日常零星支出所需要现金确定；远离银行或交通不便的企业，可以根据企业不超过 15 天的日常支出来核定。

库存现金限额经银行核定批准后，开户单位应当严格遵守，每天现金的结存数不得超过核定的限额。超过库存现金限额的部分应当日终了前存入银行，如现金不足限额时可从银行提取现金，但不得在未经开户银行准许的情况下坐支现金。库存现金限额一般每年核定一次。单位因业务发展需要而变更库存现金限额时，可向开户银行提出申请，由开户银行重新核实，经批准后，方可调整，单位不得擅自超出核定限额增加库存现金。

四、禁止坐支现金

企业支付现金时，应从本企业库存现金限额中支付或者从开户银行提取，而不得从本企业的现金收入中直接支付（即坐支现金）。坐支现金是违反财经纪律的行为，会受到相应的处罚。因特殊情况需要坐支现金，应事先报开户银行审查批准，由开户银行核定坐支范围和限额。企业定期向开户银行报送坐支金额及其使用情况。

五、库存现金的内部控制制度

第一，企业应建立现金的岗位责任制，明确相关部门和岗位的职责权限，确保办理现金业务的不相容岗位的相互分离、制约和监督。出纳人员不得兼任稽核、会计档案保管和收入以及支出、费用、债权债务账目的登记工作。

第二，企业办理现金业务，应配备合格的人员，并根据具体情况进行岗位轮换。

第三，企业应建立现金业务的授权批准制度，明确审批人员对现金业务的授权批准方式、权限、程序、责任和相关控制措施，规定经办人员办理现金业务的职责范围和工作要求。

第四，企业应加强银行预留印鉴的管理。财务专用章由专人保管，个人名章由本人或其授权人保管。严禁一人保管支付款项所需的全部印章。

第五，企业应加强与现金有关的票据的管理，防止空白票据的遗失和被盗。

第六，现金管理“八不准”。按照《现金管理暂行条例》及其实施细则的规定，企业、事业单位和机关、团体、部队现金管理应遵循以下“八不准”，即不准用不符合财务制度的凭证顶替库存现金（即不准白条抵库）；不准单位之间互相借用现金；不准谎报用途套取现金；不准利用银行账户代其他单位和个人存入或支取现金；不准将单位收入的现金以个人名义存入储蓄；不准保留账外公款，不得私设“小金库”；不准变相发行货币；不准以任何票券代替人民币在市场上流通。

开户单位如有违反现金管理“八不准”的任何一种情况，开户银行可按照《现金管理暂行条例》的规定，有权责令其停止违法活动，并根据情节轻重给予警告或罚款。

六、库存现金的核算

（一）库存现金序时核算

为了加强对库存现金的核算与管理，详细地掌握企业现金收支的动态和结存情况，企业必须设置“现金日记账”，按照现金收支业务发生的时间先后顺序，逐日逐笔进行登记，并逐日结出余额，以便与实存现金相核对，做到日清月结和账实相符。

（二）库存现金总分类核算

企业应设置“库存现金”账户对库存现金进行总分类核算。“库存现金”账户是资产类账户，用以核算库存现金的收入、支出和结存。收入现金时，记入借方；支出现金时，记入贷方；余额在借方，表示库存现金的结存数额。

库存现金总分类账由不从事出纳工作的会计人员登记，一般采用订本式三栏式账簿。月份终了，库存现金总分类账余额与出纳人员登记的现金日记账余额应核对相符。

会计业务处理模板如下：

1. 发生现金收入业务时

借：库存现金

　贷：其他应收款

　　　应收账款

　　　主营业务收入

　　　其他业务收入

　　　应交税费——应交增值税——销项税额

　　　预收账款

2. 发生现金支付业务时

借：管理费用

　　销售费用

　　原材料

　　周转材料

　　应付账款

　　其他应收款

　　应交税费——应交增值税——进项税额

　　应付职工薪酬

　贷：库存现金

例 2-1：

2016 年 10 月 3 日，浩锐公司采购员张宇借差旅费 1 000 元，以现金支付。根据审批的借款单，编制会计分录如下：

借：其他应收款——张宇　　1 000

　贷：库存现金　　1 000

例 2-2：

2016 年 10 月 10 日，浩锐公司采购员张宇报销差旅费 800 元，交回多余的现金 200 元。根据差旅费报销单，编制会计分录如下：

借：管理费用——差旅费　　800

　　库存现金　　200

　贷：其他应收款——张宇　　1 000

例 2-3：

2016 年 10 月 11 日，浩锐公司收到零星销售商品款 1 170 元（增值税税率为 17%）。根据销售发票和出库单等相关凭据，编制会计分录如下：

借：库存现金　　1 170

　贷：主营业务收入　　1 000

　　　应交税费——应交增值税——销项税额　　170

例 2-4：

2016 年 10 月 11 日，浩锐公司把上述收入 1 170 元现金存入银行。根据银行现金缴款单，编制会计分录如下：

借：银行存款　　6 000

　贷：库存现金　　6 000

例 2-5：

2016 年 10 月 12 日，浩锐公司以现金支付总经理办公室购买办公用品款 100 元。根据现金支付单据和办公用品发票，编制会计分录如下：

借：管理费用——办公费　　100

　贷：库存现金　　100

例 2-6：

2016 年 10 月 15 日，浩锐公司向银行提取现金 30 000 元以备发放工资。根据现金支票存根联，编制会计分录如下：

借：库存现金　　30 000

　贷：银行存款　　30 000

例 2-7：

2016 年 10 月 15 日，浩锐公司发放工资。根据工资清单，编制会计分录如下：

借：应付职工薪酬　　30 000

　贷：库存现金　　30 000

七、现金的清查

现金是单位最活跃的一项资产，为了保护单位财产物资的安全完整和保证会计核算资料的客观真实性，应该对现金进行日常的和不定期的清查审核。所谓日常，就是出纳员对于库存现金必须做到日清月结。所谓不定期，是指事先不规定清查时间，由专人组成清查小组对库存现金进行的突击财产清查，重点应放在账款是否相符、有无白条充抵库存、有无私借公款、有无挪用公款、有无账外资金等违纪违法行为上。

（一）日常工作中的现金清查

每天工作结束对账时，如出现差错，首先要看差数多少和特点，然后确定查找方法。如当天出纳收付数与记账收付数相符就确定现金保管出现差错；如数字不符，而差额数字正好是出纳对账时相关的金额，就要确定查账或查凭证。

1. 查找方法

先看有无凭证漏记情况，再看是否有大写小写数错误。如发现现金差数既非大写小写数的差错，又不是颠倒的差错，那就要查是否由于重记、漏记或误记而引起了差错。

2. 查库存现金

必须对所有的票币逐张、逐枚地复点，并加计总数看是否有误。

（二）不定期的清查

现金的清查主要是采用实地盘点法，即通过清点票数来确定现金的实存数，然后以实存数与现金日记账的账面余额进行核对，以查明盈亏情况。库存现金的盘点应由清查小组会同出纳员共同负责，一般在当天业务结束或开始之前进行，由出纳员亲点现金，清查小组人员和会计主管监看，注意清查时不得以“白条子”抵充库存现金，盘点结果要填入“现金盘点报告表”，并由清查人员、会计主管和出纳员签章。“现金盘点报告表”兼有盘存单和账存实存对比表的作用，是反映现金实有数和调整账簿记录的重要原始凭证。“现金盘点报告表”一般格式如表 2-1 所示：

表 2-1　　现金盘点报告表

单位名称　　年　月　日　　单位：元

账面金额	实存金额	清查结果（或对比结果）		备注
		盘盈	盘亏	

监盘人：　　会计主管：　　出纳员：

对于现金清查的结果，账面金额和实存金额不相符，我们说出现了“错款”。所谓“错款”，是指当日终了或经过一段时间，库存现金的实存款和账存数间的差额。如果现金实存多于账上结存款，就叫“长款”；反之，则称“短款”。这些长、短款大都是由于工作差错造成的，故应及时查清原因，正确处理。如属于违反现金管理有关规定的，应及时予以纠正；如属于账实不符的，应查明原因，并将短款或长款先记入“待处理财产损溢”账户，待查明原因后根据情况分别处理。属于记账差错的，应及时予以更正；如果是无法查明原因的长款，应记入“营业外收入”账户；如果是无法查明原因的短款，应记入“管理费用”账户；如果是由出纳员失职造成的短款，通常由出纳员赔偿，应记入“其他应收款”账户。

会计业务处理模板如下：

1. 企业发生现金短缺时

借：待处理财产损溢——待处理流动资产损溢

　贷：库存现金

2. 企业发生现金溢余时

借：库存现金

　贷：待处理财产损溢——待处理流动资产损溢

3. 经批准，对于短缺的现金进行处理时

借：管理费用

　　其他应收款

　贷：待处理财产损溢——待处理流动资产损溢

4. 经批准，对于溢余的现金进行处理时

借：待处理财产损溢——待处理流动资产损溢

　贷：营业外收入

例 2-8：

2016 年 10 月 31 日，浩锐公司盘点现金，短缺 300 元。根据盘点报告单，编制会计分录如下：

借：待处理财产损溢——待处理流动资产损溢　　300

　贷：库存现金　　300

经查，出纳员陈强私自借了 100 元给公司业务员王明（有王明打的未经批准的借条），另外 200 元找不到原因。经批准后，编制会计分录如下：

借：其他应收款——陈强　　200

　　其他应收款——王明　　100

　贷：待处理财产损溢——待处理流动资产损溢　　300

例 2-9：

2016 年 12 月 31 日，浩锐公司清查现金时，发现多了 700 元。根据库存现金盘点表，编制会计分录如下：

借：库存现金　　700

　贷：待处理财产损溢——待处理流动资产损溢　　700

经查，其中 200 元系多收客户款（广州燕塘公司），其他 500 元无法找到原因。根据审批意见，编制会计分录如下：

借：待处理财产损溢——待处理流动资产损溢　　700

　贷：其他应付款——广州燕塘公司　　200

　　　营业外收入　　500

第二节　银行存款的核算

一、银行存款概述

银行存款是企业存放在银行或其他金融机构的货币资金。按照国家《支付结算办法》的规定，企业应在当地银行开立账户，办理存款、取款和转账等结算业务。开立账户后，必须遵守中国人民银行《银行账户管理办法》的各项规定。

（一）银行存款开户的有关规定

银行账户又称银行存款账户或存款账户，是各单位为办理结算和申请贷款在银行开立的户头，也是单位委托银行办理信贷和转账结算以及现金收付业务的工具。银行账户具有监督和反映各单位经济活动的作用。凡新设立的企业或公司在取得工商行政管理部门颁发的法人营业执照后，可选择离办公场所近、办事工作效率高的银行申请开设自己的结算户头。对非现金使用范围的开支，都要通过银行账户办理。根据《银行账户管理办法》的规定，银行存款账户分为基本存款账户、一般存款账户、临时存款账户、专用存款账户。

基本存款账户是存款人办理日常转账结算和现金收付开立的银行结算账户。一个单位只能选择一家银行的一个营业机构开立一个基本存款账户，不得在多家银行机构开立基本存款账户。单位的工资、资金、奖金等现金的支取，只能通过基本存款账户办理。

一般存款账户是存款人因借款或其他结算需要，在基本存款账户开户银行以外的银行营业机构开立的银行结算账户。存款人可以通过该账户办理借款转存、借款归还、其他结算的资金收付和现金缴存，但不能办理现金支取。一个单位不得在同一家银行的几个分支机构开立一般存款账户。

临时存款账户是企业因临时经营活动需要开立的账户。企业可以通过该账户办理转账结算和根据国家现金管理规定办理现金收付。临时存款账户的有效期最长不得超过2年。

有下列情况的，存款人可以申请开立临时存款账户：

第一，设立临时机构，如设立工程指挥部、筹备领导小组、摄制组等。

第二，异地临时经营活动，如建筑施工及安装单位等异地的临时经营活动。

第三，注册验资（注册验资的临时存款账户在验资期间只收不付）。

第四，境外机构及我国港、澳、台地区机构在我国内地从事经营活动等。

存款人为临时机构的，只能在其驻地开立一个临时存款账户，不得开立其他银行结算账户；存款人在异地从事临时活动的，只能在其临时活动地开立一个临时存款账户；建筑施工及安装单位企业在异地同时承建多个项目的，可以根据建筑施工及安装合同开立不超过项目合同个数的临时存款账户。

专用存款账户是存款人按照法律、行政法规和规章的规定，对其特定用途资金进行专项管理和使用而开立的银行结算账户。

企业在银行开立账户后，与其他单位之间的一切收付款项，除制度规定可用现金支付的部分外，都必须通过银行办理转账结算。银行结算是社会经济活动各项资金清算的中介，银行结算过程也是一个复杂的款项收付过程。在银行结算过程中，要涉及收款单位、收款银行、付款单位、付款银行等几个相互关联的个体以及多个企业环节和繁杂的资金增减变动过程。因此，为保证银行结算的顺利进行，各单位都应严格遵守银行结算的基本原则。这些原则主要有以下几条：

1. 一个基本账户原则

一个基本账户原则，即恪守信用，履约付款原则。存款人在银行开立基本存款账户，实行由中国人民银行当地分支机构核发开户许可证制度。同时，存款人在其账户内必须有足够的资金，以保证支付。收付款双方在经济交往过程中，只有坚持诚实信用，达成交易，才能保证各方经济活动的顺利进行。

2. 自愿选择原则

自愿选择原则是指存款人自己支配原则，即“谁的钱进谁的账，由谁支配”原则。存款人可以自主选择银行开户，银行也可以自愿选择存款人；一经双方相互认可后，存款人应遵循银行结算的规定；银行应保证存款人对资金的所有权和自主支配不受侵犯。

3. 存款保密原则

银行必须为存款人保密，除国家法律规定的国务院授权中国人民银行总行的监督项目外，银行不代任何单位和个人查询、冻结存款人账户内的存款，以维护存款人资金的自主支配权。

4. 不垫款原则

银行在办理结算时，只负责办理结算双方单位的资金转移，不为任何单位垫付资金。

（二）支付结算方式

银行支付结算方式是以银行作为支付结算和资金清算的中介，办理各种货币支付和资金清算业务。按照结算双方所在地区不同，结算方式分为同城结算方式和异地结算方式。所谓同城结算方式，是指同一区域范围内的转账结算方式；所谓异地结算方式，是指不同地区之间的转账结算方式。根据中国人民银行发布的《支付结算办法》的规定，企业可选择使用的结算方式有支票、银行本票、银行汇票、汇兑、托收承付、商业汇票、委托收款、信用卡、信用证等。

1. 支票

（1）定义。支票是指单位或个人签发的，委托办理支票存款业务的银行见票时无条件支付确定金额给收款人或持票人的票据。

（2）种类。

①现金支票，即印有“库存现金”字样的支票。现金支票只能用于支取现金。

②转账支票，即印有“转账”字样的支票。转账支票只能用于转账。

③普通支票，即未印有“库存现金”或“转账”字样的支票。普通支票可以用于支取现金，也可以用于转账。在普通支票左上角画两条平行线的为划线支票，它只能用于转账，不能用于支取现金。

（3）金额。支票签发时，不得超过其付款时在银行或其他金融机构的支票存款账户中实存的存款金额，即不允许签发空头支票。否则，银行予以退票，并按票面金额处以5%但不低于1 000元的罚款。

（4）付款期限。支票的付款期限为自出票日起10天，中国人民银行另有规定的除外。对于超过提示付款期限的，持票人开户银行不予受理，付款人不予付款。

（5）适用范围。支票结算方式是同城结算中应用比较广泛的一种结算方式。单位和个人在同一票据交换区域的各种款项结算均可使用支票。从2007年7月开始，支票可在全国通用。为防范支付风险，异地使用支票的单笔金额上限为50万元。

（6）核算账户。在会计核算中，使用“银行存款”账户。

2. 商业汇票

（1）定义。商业汇票是指出票人签发的，委托付款人在指定日期无条件支付确定金额给收款人或者持票人的票据。

（2）种类。商业汇票按承兑人不同，分为商业承兑汇票和银行承兑汇票。其中，商业承兑汇票是由银行以外的付款人承兑。商业承兑汇票按交易双方约定，由销货企业或购货企业签发，但由购货企业承兑。银行承兑汇票是由在承兑银行开立存款账户的存款人出票，向开户银行申请并经银行审查同意承兑的，保证在指定日期无条件支付确定的金额给收款人或持票人的票据；承兑银行按票面金额向出票人收取万分之五的手续费。

上述的收款人、付款人或承兑申请人一般指供货和购货单位。在商业承兑汇票中，汇票上的当事人是：出票人，也就是是交易中的收款人，即卖方，或者交易中的付款人，即买方；承兑人，出票人如是卖方，承兑人为买方，出票人如是买方，其本人为承兑人；付款人，即买方的开户银行；受款人，即交易中的收款人，也就是卖方。在银行承兑汇票中，汇票上的当事人是：出票人是承兑申请人；付款人和承兑人是承兑行，即承兑申请人的开户银行；受款人是与出票人签订购销合同的收款人，即卖方。

（3）付款期限。商业汇票的承兑期限由交易双方商定，最长不超过 6 个月。商业汇票提示付款期限为自汇票到期日起 10 天。

（4）适用范围。商业汇票结算方式适用范围广泛，在银行开立账户的法人之间根据购销合同进行的商品交易均可使用商业汇票。商业汇票同城、异地均可使用。

（5）核算账户。在会计核算中，对债权方，使用“应收票据”账户；对债务方，使用“应付票据”账户。

3. 银行汇票

（1）定义。银行汇票是指汇款人将款项交存当地出票银行，由出票银行签发的，并由其在见票时按实际结算的金额无条件支付给收款人或持票人的票据。

（2）付款期限。银行汇票的付款期限为自出票日起 1 个月。超过提示付款期限不获付款的，持票人在票据权利时效内向出票银行提出说明，并提供本人身份证或单位证明，可持银行汇票和解讫通知向出票银行请求付款。

（3）适用范围。对于单位和个人的各种款项结算，异地结算可使用银行汇票。

（4）核算账户。在会计核算中，对于银行本票的申请人（即债务方），使用“其他货币资金——银行本票”账户；对于收款方（即债权方），使用“银行存款”账户。

4. 委托收款

（1）定义。委托收款是指收款人委托银行向付款人收取款项的结算方式。

（2）种类。委托收款结算方式分为邮寄和电报两种。

（3）付款期限。以银行为付款人的，银行应在当日将款项主动支付给收款人；以单位为付款人的，银行应及时通知付款单位。付款单位收到银行交给的委托收款证明及债务证明后，应签收并在 3 天内审查债务证明是否真实，是否为本单位的债务，确认之后通知银行付款。

（4）适用范围。委托收款结算方式办理款项收取，同城或异地均可使用。委托收款适用于在银行或其他金融机构开立账户的单位和个体经济户的商品交易、劳务款项及其他应收款项的结算。

（5）核算账户。在会计核算中，对债权方，使用“应收账款”账户；对债务方，使用“应付账款”账户。

5. 银行本票

（1）定义。银行本票是指由银行签发的，承诺自己在见票时无条件支付确定的金额给收款人或者持票人的票据。

（2）种类、金额。银行本票分为定额本票和不定额本票。定额本票面值为 1 000 元、5 000 元、10 000 元、50 000 元。

（3）付款期限。银行本票的付款期限为自出票日起 2 个月。超过提示付款期限不获付款的，持票人在票据权利时效内向出票银行提出说明，并提供本人身份证或单位证明，可持银行本票向银行请求付款。

（4）适用范围。无论单位还是个人，在同一票据交换区域支付各种款项，均可使用银行本票。

（5）核算账户。在会计核算中，对于银行本票的申请人（即债务方），使用“其他货币资金——银行本票”账户；对于收款方（即债权方），使用“银行存款”账户。

6. 汇兑

（1）定义。汇兑是指汇款人委托银行将其款项支付给收款人的结算方式。

（2）种类。汇兑分为信汇、电汇两种。信汇是指汇款人委托银行通过邮寄方式将款项划转给收款人；电汇是指汇款人委托银行通过电报将款项划转给收款人。这两种汇总方式由汇款人根据需要选择使用。

（3）适用范围。汇兑结算方式适用于同城或异地之间的各种款项结算。

（4）核算账户。在会计核算中，对债权方，使用“应收账款”账户；对债务方，使用“应付账款”账户。

7. 托收承付

（1）定义。托收承付是指根据购销合同由收款人发货后委托银行向异地付款人收取款项，并由付款人向银行承认付款的结算方式。

（2）主体使用要求。使用托收承付结算方式，必须是国有企业、供销合作社以及经营管理良好并经开户银行审查同意的城乡集体所有制工业企业。办理托收承付结算的款项必须是商品交易以及因商品交易而产生的劳务供应款项。代销、寄销、赊销商品的款项不得办理托收承付结算。

（3）金额。托收承付结算的金额起点为 10 000 元。新华书店系统每笔金额起点为 1 000 元。

（4）付款期限。

①验单付款，期限为 3 天，从付款人开户银行发出承付通知的次日算起。付款人在承付期限内未向银行表示拒绝付款，银行即视为承付。

②验货付款，期限为 10 天，从运输部门向付款人发出提货通知的次日算起。

（5）适用范围。托收承付结算方式适用于异地之间的各种款项结算。

（6）核算账户。在会计核算中，对债权方，使用“应收账款”账户；对债务方，使用“应付账款”账户。

主要结算方式的区别如表 2-2 所示。

表 2-2　　主要结算方式的区别

结算方式	适用地域	起点	期限	能否背书	种类	备注
银行汇票	异地	500 元	1 个月	能		一律记名，逾期银行不予办理
商业汇票	同城、异地		最长不得超过 6 个月	能	商业承兑汇票和银行承兑汇票	一律记名，订有购销合同的商品交易
银行本票	同城	定额面额：1 000 元 5 000 元 10 000 元 50 000 元	2 个月	能	定额本票和不定额本票	一律记名，逾期后银行不予办理，但签发银行可办理退款手续
支票	同城、异地	100 元	10 天	能	现金支票、转账支票、普通支票	普通支票可从银行提取现金，也可办理转账，异地使用支票的单笔金额上限为 50 万元
汇兑	同城、异地				信汇、电汇	
委托收款	同城、异地		3 天		邮寄、电报	
托收承付	异地		验单付款 3 天，验货付款 10 天		邮划、电划	有经济合同的商品交易

二、银行存款的核算

（一）银行存款的序时核算

银行存款日记账应由出纳人员登记，账簿的格式和登记方法均与库存现金日记账基本相同。为了及时了解和掌握银行存款的动态和余额，银行存款日记账的登记也应做到日清月结。

（二）银行存款的总分类核算

企业设置“银行存款”总账账户，以对银行存款进行总分类核算。该账户为资产类账户，借方登记收入的存款，贷方登记付出的存款，期末余额在借方，反映存款的结存数额。银行存款的总分类账簿由不从事出纳工作的会计人员登记。登记的方法、依据和账簿的格式均与库存现金总账基本相同。

会计业务处理模板如下：

1. 发生银行收入业务或办理相关结算方式时

借：银行存款

　贷：应收账款

　　　其他货币资金

　　　预收账款

　　　主营业务收入

其他业务收入
应交税费——应交增值税——销项税额
短期借款
长期借款
应付债券
实收资本

2. 发生银行支付业务或办理相关结算方式时

借：管理费用
销售费用
财务费用
应付职工薪酬
其他货币资金
周转材料
原材料
应交税费——应交增值税——进项税额
营业外支出
在途物资
材料采购
应付账款
预付账款
贷：银行存款

例 2-10：

2016 年 6 月 5 日，某公司购入材料一批，不含税价款 30 000 元，增值税为 5 100 元，取得了增值税专用发票。公司开出转账支票支付货款，材料尚未验收入库。材料采用实际成本法核算。会计处理如下：

借：在途物资	30 000	
应交税费——应交增值税——进项税额	5 100	
贷：银行存款		35 100

例 2-11：

2016 年 6 月 6 日，公司收到安飞公司前欠货款 80 000 元，存入银行。会计处理如下：

借：银行存款	80 000	
贷：应收账款——安飞公司		80 000

例 2-12：

2016 年 6 月 15 日，公司以银行存款偿还前欠三江公司货款 100 000 元。会计处理如下：

借：应付账款——三江公司	100 000	
贷：银行存款		100 000

例 2-13：

2016 年 6 月 16 日，公司向银行借入 150 000 元，期限为 6 个月，借款已存入银行。会计处理如下：

借：银行存款　　150 000

　贷：短期借款　　150 000

例 2-14：

2016 年 12 月 18 日，公司签发转账支票一张，金额为 50 000 元，以支付下半年的财产保险费。根据支票存根联，会计处理如下：

借：预付账款　　50 000

　贷：银行存款　　50 000

例 2-15：

2016 年 12 月 18 日，公司收到明治公司前欠货款 15 000 元。根据银行转来信汇凭证收账通知单，会计处理如下：

借：银行存款　　15 000

　贷：应收账款——明治公司　　15 000

例 2-16：

2016 年 12 月 19 日，由君飞公司签发的期限为 5 个月、金额为 40 000 元的商业汇票到期，君飞公司如期兑现。会计处理如下：

借：银行存款　　40 000

　贷：应收票据——君飞公司　　40 000

三、银行存款的清查

银行存款的清查是采用与开户银行核对账目的方法进行的，即将本单位的银行存款日记账与开户行转来的对账单逐笔进行核对，检查账账是否相符。

银行对账单上的余额，常与企业银行存款日记账上的余额不一致，其原因一是某一方记账有错误。例如，有的企业同时在几家银行开户，记账时会发生银行之间串户的错误，同样银行也可能把各存款单位的账目相互混淆。二是存在未达账项。所谓未达账项，是指企业与银行之间对同一项经济业务，由于取得凭证的时间不同，导致记账时间不一致，即发生的一方已取得结算凭证登记入账，另一方由于尚未取得结算凭证而未入账的款项。产生未达账项的原因有以下四种情况：

第一，企业已收，银行未收。例如，企业收到转账支票送存银行后，登记银行存款增加；而银行由于还未收妥该笔款项，尚未记账。因而形成企业已收款入账，而银行尚未收款入账的情况。

第二，企业已付，银行未付。例如，企业开出支票支付某笔款项，并根据有关单据登记银行存款减少；而银行由于尚未接到该笔款项支付的凭证，未记减少。因而形成企业已付款记账，而银行尚未记账的情况。

第三，银行已收，企业未收。例如，银行代企业收入一笔外地汇款，银行已记存款增加；而企业由于尚未收到汇款凭证，未记增加。因而形成银行已收款入账，企业尚未收款入账的情况。

第四，银行已付，企业未付。例如，银行代企业支付某种费用，银行已记存款减少；而企业尚未接到有关凭证，未记减少。因而形成银行已付款记账，企业尚未付款记账的情况。

上述任何一种未达账项的存在，都会使企业银行存款日记账余额与银行对账单余额不一致。出现上述第一种和第四种情况，会使企业银行存款日记账的账面余额大于银行对账单余额；出现上述第二种和第三种情况则会使企业银行存款日记账的账面余额小于银行对账单余额。因此，在与银行核对对账单时，应首先检查是否存在未达账项，如确有未达账项存在，即编制“银行余额调节表”，待调整后，再确定企业与银行之间记账是否一致，双方账面余额是否相符。

银行存款余额调节表的编制方法有多种。在会计实务中，多采用以双方的账面余额为起点，加减各自的未达账项，使双方的余额达到平衡。应该指出的是，银行存款余额调节表只是为了核对账目，并不能作为调整银行存款账面余额的原始凭证。具体调节公式如下：

银行存款日记账余额 + 银行已收企业未收的款项 - 银行已付企业未付的款项= 银行对账单余额 + 企业已收银行未收的款项 - 企业已付银行未付的款项

例 2-17：

明锐公司 2016 年 12 月 31 日的银行存款日记账余额为 58 000 元，银行对账单余额为 60 540 元。经逐笔核对，发现以下未达账项：

（1）银行从企业中扣除借款利息 980 元，企业未入账；

（2）企业 12 月 28 日开出转账支票一张，金额 4 280 元，银行未入账；

（3）银行 12 月 29 日收到企业的外地汇款 2 500 元，企业未入账；

（4）企业 12 月 29 日存入转账支票一张 3 260 元，银行未入账；

要求：编制银行存款余额调节表。

解析：

银行存款余额调节表编制如表 2-3 所示：

表 2-3　**银行存款余额调节表**

2016 年 12 月 31 日　单位：元

项目	金额	项目	金额
银行存款日记账余额	58 000	银行对账单余额	60 540
加：银行已收，企业未收	2 500	加：企业已收，银行未收	3 260
减：银行已付，企业未付	980	减：企业已付，银行未付	4 280
调整后余额	59 520	调整后余额	59 520

【特别提示】

如果根据未达账项编制银行存款余额调节表，发现调整后的余额仍不一致时，则存在某一方记账错误，需查找原因并反映在银行存款余额调节表里，以使调整后的余额一致。

第三节　其他货币资金的核算

其他货币资金是指企业除库存现金、银行存款以外的其他各种货币资金，包括外埠存款、银行汇票存款、银行本票存款、信用卡存款、信用证保证金、存出投资款等。

为了反映和监督其他货币资金的收支和结存情况，企业应当设置“其他货币资金”科目，借方登记其他货币资金的增加数，贷方登记其他货币资金的减少数，期末余额在借方，反映企业实际持有的其他货币资金。“其他货币资金”科目应按其他货币资金的种类设置明细科目进行明细核算。

一、外埠存款

外埠存款是指企业到外地进行临时或零星采购时，而汇往采购地银行开立采购专户的款项。该账户的存款不计利息、只付不收、付完清户，除了采购人员可从中提取少量现金外，一律采用转账结算。

会计业务处理模板如下：

1. 企业将款项委托当地银行汇往采购地开立专户时

借：其他货币资金——外埠存款

　贷：银行存款

2. 企业收到采购人员交来的供货单位发货票、账单等报销凭证时

借：原材料

　　材料采购

　　库存商品

　　周转材料

　　在途物资

　　应交税费——应交增值税——进项税额

　贷：其他货币资金——外埠存款

3. 用外埠存款采购结束将多余资金转回时

借：银行存款

　贷：其他货币资金——外埠存款

二、银行汇票存款

银行汇票存款是指企业为取得银行汇票按照规定存入银行的款项。

会计业务处理模板如下：

1. 企业在填送银行汇票申请书并将款项交存银行，取得银行汇票时

借：其他货币资金——银行汇票存款

　贷：银行存款

2. 企业使用银行汇票进行相关业务结算时

借：原材料

材料采购

库存商品

周转材料

在途物资

应交税费——应交增值税——进项税额

贷：其他货币资金——银行汇票存款

3. 如有多余款或因汇票超过付款期限等原因而退回款项时

借：银行存款

贷：其他货币资金——银行汇票存款

三、银行本票存款

银行本票存款是指企业为取得银行本票按照规定存入银行的款项。

会计业务处理模板如下：

1. 企业向银行提交银行本票申请书并将款项交给银行，取得银行本票时

借：其他货币资金——银行本票存款

贷：银行存款

2. 企业使用银行本票进行相关业务结算时

借：原材料

材料采购

库存商品

周转材料

在途物资

应交税费——应交增值税——进项税额

贷：其他货币资金——银行本票存款

3. 如有多余款或因汇票超过付款期限等原因而退回款项时

借：银行存款

贷：其他货币资金——银行本票存款

四、信用卡存款

信用卡存款是指企业为取得信用卡按照规定存入银行的款项。信用卡按使用对象的不同，可分为单位卡和个人卡。凡在中国境内金融机构开立基本存款账户的单位可申领单位卡。单位卡账户资金一律从基本存款账户转入，不得交存现金，不得将销货收入的款项存入其账户。单位卡不得用于10万元以上的商品交易、劳务供应款项的结算，不得支取现金。信用卡按是否向发卡银行交存备用金分为贷记卡、准贷记卡。贷记卡是指发卡银行给予持卡人一定的信用额度，持卡人可在信用额度内先消费、后还款的信用卡。准贷记卡是指持卡人必须先按发卡银行要求交存一定金额的备用金，当备用金账户余额不足以支付时，可在发卡银行规定的信用额度内透支的信用卡。

会计业务处理模板如下：

1. 企业应按规定填制申请表，连同支票和有关资料一并送交发卡银行办理时

借：其他货币资金——信用卡存款

　贷：银行存款

2. 企业用信用卡购物或支付有关费用时

借：管理费用等科目

　贷：其他货币资金——信用卡存款

3. 企业信用卡在使用过程中，需要向其账户续存资金时

借：其他货币资金——信用卡存款

　贷：银行存款

4. 如果企业不需要继续使用信用卡，办理销卡时

借：银行存款

　贷：其他货币资金——信用卡存款

【特别提示】

销卡时，信用卡余额转入企业基本存款户，不得提取现金。

五、信用证保证金存款

信用证保证金存款是指采用信用证结算方式的企业为开具信用证而按规定存入银行信用证保证金专户的金额。企业向银行申请开立信用证，应按规定向银行提交开证申请书、信用证申请人承诺书和购销合同。

会计业务处理模板如下：

1. 企业向银行缴纳保证金时

借：其他货币资金——信用证保证金

　贷：银行存款

2. 收到开证行交来的信用证通知书及有关单据时

借：原材料

　　材料采购

　　库存商品

　　周转材料

　　在途物资

　　应交税费——应交增值税——进项税额

　贷：其他货币资金——信用证保证金

3. 企业未用完的信用证保证金余额转回开户银行时

借：银行存款

　贷：其他货币资金——信用证存款

六、存出投资款

存出投资款是指企业已存入证券公司但尚未进行短期投资的现金。

会计业务处理模板如下：

1. 企业向证券公司划出资金时

借：其他货币资金——存出投资款

　贷：银行存款

2. 企业委托证券公司购买股票、债券等进行短期投资时

借：交易性金融资产

　　可供出售金融资产

　　持有至到期投资

　　长期股权投资

　贷：其他货币资金——存出投资款

【特别提示】

企业应当加强对其他货币资金的管理，定期对其他货币资金进行检查，对于已经部分不能收回或者全部不能收回的其他货币资金，应当查明原因并进行处理，有确凿证据表明无法收回的，应当根据企业管理权限报经批准后，借记“营业外支出”科目，贷记“其他货币资金”科目。

例 2-18：

2016 年 8 月 19 日，公司向开户银行申请办理银行汇票，公司开出汇票委托书并将款项 10 360 元交存银行取得银行汇票。8 月 20 日，公司采用上述的银行汇票办理采购货款的结算，其中货款 8 000 元，取得了增值税专用发票，增值税 1 360 元，材料已验收入库。8 月 21 日，公司收到开户银行的收账通知，收到汇票余款 1 000 元。会计处理如下：

（1）8 月 19 日。

借：其他货币资金——银行汇票存款	10 360	
贷：银行存款		10 360

（2）8 月 20 日。

借：原材料	8 000	
应交税费——应交增值税——进项税额	1 360	
贷：其他货币资金——银行汇票存款		9 360

（3）8 月 21 日。

借：银行存款	1 000	
贷：其他货币资金——银行汇票存款		1 000

例 2-19：

2016 年 8 月 21 日，某公司到外地采购材料，开出汇款委托书，委托当地开户银行将采购款 8 000 元汇往采购地银行开立采购专户。8 月 24 日，公司收到采购人员交来采购专用发票，其中货款 6 000 元，取得了增值税专用发票，增值税 1 020 元，材料已验收入库。8 月 26 日，公司接当地银行通知，汇出的采购专户存款余额已汇回，存入公司的银行存款账户。会计处理如下：

（1）8 月 21 日。

借：其他货币资金——外埠存款	8 000	
贷：银行存款		8 000

(2) 8 月 24 日。

借：原材料　　6 000

　　应交税费——应交增值税——进项税额　　1 020

　贷：其他货币资金——外埠存款　　7 020

(3) 8 月 26 日。

借：银行存款　　980

　贷：其他货币资金——外埠存款　　980

例 2-20：

某企业向证券公司划出款项 800 000 元，拟进行短期投资。会计处理如下：

借：其他货币资金——存出投资款　　800 000

　贷：银行存款　　800 000

例 2-21：

某公司决定从飞玫公司采购原材料，2016 年 12 月 23 日，填制银行汇票申请书 36 000 元办理银行汇票以便进行采购结算。12 月 24 日，材料入库，货款 30 000 元，增值税 5 100 元，公司取得增值税专用发票，一并以面值 36 000 元的银行汇票付讫，余款尚未收回。12 月 25 日，公司收到银行转来多余款收账通知，金额为 900 元，系12 月 24 日签发的银行汇票使用后的余额。会计处理如下：

(1) 12 月 23 日。

借：其他货币资金——银行汇票　　36 000

　贷：银行存款　　36 000

(2) 12 月 24 日。

借：原材料　　30 000

　　应交税费——应交增值税——进项税额　　5 100

　贷：其他货币资金——银行汇票　　35 100

(3) 12 月 25 日。

借：银行存款　　900

　贷：其他货币资金——银行汇票　　900

第三章　金融资产

【本章学习重点】

（1）金融资产的定义和分类；
（2）交易性金融资产的核算；
（3）持有至到期投资的核算；
（4）应收款项的核算；
（5）可供出售金融资产的核算。

第一节　金融资产的定义和分类

企业的金融资产主要包括库存现金、应收账款、应收票据、应收利息、应收股利、其他应收款、贷款、垫款、债券投资、基金投资、衍生金融资产等。

企业应当结合自身业务特点和风险管理要求，将取得的金融资产在初始确认时分为以下几类：

一是以公允价值计量且其变动计入当期损益的金融资产。

二是持有至到期投资。

三是贷款和应收款项。

四是可供出售金融资产。

上述分类一经确定，不得随意变更。

一、交易性金融资产

（一）以公允价值计量且其变动计入当期损益的金融资产

以公允价值计量且其变动计入当期损益的金融资产，可以进一步分为交易性金融资产和直接指定为以公允价值计量且其变动计入当期损益的金融资产。

满足下列条件之一的金融资产，应当划分为交易性金融资产：

第一，取得该金融资产的目的主要是为了近期内出售。例如，企业以赚取差价为目的从二级市场购入的股票、债券、基金等。

第二，属于进行集中管理的可辨认金融工具组合的一部分，并且有客观证据表明企业近期采用短期获利方式对该组合进行管理。在这种情况下，即使组合中有某个组成项目持有的期限稍长也不受影响。这里的金融工具组合是指金融资产组合。

第三，属于衍生工具。但是，被指定为有效套期工具的衍生工具、属于财务担保合同的衍生工具、与在活跃市场中没有报价且其公允价值不能可靠计量的权益工具投资挂钩并须通过交付该权益工具结算的衍生工具除外。其中，财务担保合同是指保证人和债权人约定，当债务人不履行债务时，保证人按照约定履行债务或者承担责任的合同。

（二）直接指定为以公允价值计量且其变动计入当期损益的金融资产

企业不能随意将某项金融资产直接指定为以公允价值计量且其变动计入当期损益的金融资产。只有在满足下列条件之一时，企业才能将某项金融资产直接指定为以公允价值计量且其变动计入当期损益的金融资产：

第一，该指定可以消除或明显减少由于该金融资产的计量基础不同而导致的相关利得或损失在确认和计量方面不一致的情况。

第二，企业的风险管理或投资策略的正式书面文件已载明，该金融资产组合等，以公允价值为基础进行管理、评价并向关键管理人员报告。

在活跃市场中没有报价、公允价值不能可靠计量的权益工具投资，不得指定为以公允价值计量且其变动计入当期损益的金融资产。所谓活跃市场，是指同时具有下列特征的市场：

一是市场内交易的对象具有同质性。

二是可随时找到自愿交易的买方和卖方。

三是市场价格信息是公开的。

二、持有至到期投资

持有至到期投资是指到期日固定、回收金额固定或可确定，并且企业有明确意图和能力持有至到期的非衍生金融资产。因为股权投资没有固定到期日，所以从性质上看，持有至到期投资属于债券性投资。其具体特征如下：

（一）到期日固定、回收金额固定或可确定

到期日固定、回收金额固定或可确定是指相关合同明确了投资者在确定期间内获得或应收取现金流量（如投资利息和本金等）的金额和时间。因此，从投资者角度看，如果不考虑其他条件，在某项投资划分为持有至到期投资时可以不考虑可能存在的发行方重大支付风险。由于要求到期日固定，从而权益工具投资不能划分为持有至到期投资。如果符合其他条件，不能由于某债务工具投资是浮动利率投资而不将其划分为持有至到期投资。

（二）有明确意图持有至到期

有明确意图持有至到期是指投资者在取得投资时意图就是明确的，除非遇到一些企业不能控制、预期不会重复发生且难以合理预计的独立事件，否则将持有至到期。存在下列情况之一的，表明企业没有明确意图将金融资产投资持有至到期：

第一，持有该金融资产的期限不确定。

第二，发生市场利率变化、流动性需要变化、替代投资机会及其投资收益率变化、融资来源和条件变化、外汇风险变化等情况时，将出售该金融资产。但是，无法控制、预期不会重复发生且难以合理预计的独立事项引起的金融资产出售除外。

第三，该金融资产的发行方可以按照明显低于其摊余成本的金额清偿。

第四，其他表明企业没有明确意图将该金融资产持有至到期的情况。

据此，对于发行方可以赎回的债务工具，如发行方行使赎回权，投资者仍可收回其几乎所有初始净投资（含支付的溢价和交易费用），那么投资者可以将此类投资划分为持有至到期投资。但是，对于投资者有权要求发行方赎回的债务工具投资，投资者不能将其划分为持有至到期投资。

（三）有能力持有至到期

有能力持有至到期是指企业有足够的财务资源，并不受外部因素影响将投资持有至到期。

存在下列情况之一的，表明企业没有能力将具有固定期限的金融投资持有至到期：

第一，没有可利用的财务资源持续地为该金融资产投资提供资金支持，以使该金融资产投资持有至到期。

第二，受法律、行政法规的限制，使企业难以将该金融资产投资持有至到期。

第三，其他表明企业没有能力将具有固定期限的金融资产投资持有至到期的情况。企业应当于每个资产负债表日对持有至到期投资的意图和能力进行评价。发生变化的，应当将其重分类为可供出售金融资产进行处理。

第四，到期前处置或重分类对所持有剩余非衍生金融资产的影响。企业将持有至到期投资在到期前处置或重分类，通常表明其违背了将投资持有至到期的最初意图。如果处置或重分类前的金额较大，则企业在处置或重分类后应立即将其剩余的持有至到期投资（即全部持有至到期投资扣除已处置或重分类的部分）重分类为可供出售金融资产，并且在本会计年度及以后两个完整的会计年度内不得再将该金融资产划分为持有至到期投资。

三、贷款和应收款项

贷款和应收款项是指在活跃市场中没有报价、回收金额固定或可确定的非衍生金融资产。企业不应将下列非衍生金融资产划分为贷款和应收款项：

第一，准备立即出售或在近期出售的非衍生金融资产，这类非衍生金融资产应划分为交易性金融资产。

第二，初始确认时被指定为以公允价值计量且其变动计入当期损益的非衍生金融资产。

第三，初始确认时被指定为可供出售的非衍生金融资产。

第四，因债务人信用恶化以外的原因，使持有方可能难以收回几乎所有初始投资的非衍生金融资产。

贷款和应收款项泛指一类金融资产，主要是指金融企业发放的贷款和其他债权，但又不限于金融企业和其他债权。非金融企业持有的现金和银行存款、销售商品或提供劳务形成的应收款项、持有的其他企业的债权（不包括在活跃市场上有报价的债务工具）等，只要符合贷款和应收款项的定义，可以归为这一类。

四、可供出售金融资产

可供出售金融资产是指初始确认时即被指定为可供出售的非衍生金融资产以及下列各类资产以外的金融资产：

一是贷款和应收款项。

二是持有至到期投资。

三是以公允价值计量且其变动计入当期损益的金融资产。例如，企业购入的在活跃市场上有报价的股票、债券和基金等，没有划分为以公允价值计量且其变动计入当期损益的金融资产或持有至到期投资等金融资产的，可归为此类。相对于交易性金融资产而言，可供出售金融资产的持有意图不明确。投资企业对被投资单位不具有共同控制或重大影响，并且在活跃市场中没有报价，公允价值不能可靠计量的股权投资，作为按成本计量的可供出售金融资产进行核算，不再作为长期股权投资核算。

五、不同类金融资产之间的重分类

企业在金融资产初始确认时对其进行分类后，不得随意变更，具体应按如下规定处理：

第一，企业在初始确认时将某项金融资产划分为以公允价值计量且其变动计入当期损益的金融资产后，不能重分类为其他金融资产；其他类金融资产也不能重分类为以公允价值计量且其变动计入当期损益的金融资产。

第二，持有至到期投资、贷款和应收款项、可供出售金融资产三类金融资产之间不能随意重分类。

第三，企业因持有意图或能力的改变，使某项投资不再适合划分为持有至到期投资的，应将其重分类为可供出售金融资产。

例 3-1：

某企业在2012年将某项持有至到期投资出售了一部分，并且出售部分的金额相对于该企业没有出售之前全部持有至到期投资总额比例较大。出售后，该企业对剩余的其他持有至到期投资没有进行重分类。请问：该企业的做法对吗？

解析：该企业做法是不对的。因为企业将持有至到期投资在到期前处置或重分类，通常表明其违背了将投资持有至到期的最初意图。如果处置或重分类前的金额较大，则企业在处置或重分类后应立即将其剩余的持有至到期投资（即全部持有至到期投资扣除已处置或重分类的部分）重分类为可供出售金融资产，并且在本会计年度及以后两个完整的会计年度内不得再将该金融资产划分为持有至到期投资。

因此，该企业应当将剩余的其他持有至到期投资划分为可供出售金融资产，而且在2012年和2013年两个完整的会计年度内不能将该金融资产划分为持有至到期投资。

第二节　交易性金融资产的核算

交易性金融资产主要是指企业为了近期内出售而购入和持有的金融资产。例如，企业以赚取差价为目的从二级市场购入的股票、债券、基金等。交易性金融资产投资的目的是在保证资金流动性的前提下以能够承担的风险为代价获取证券的短期买卖价差收益，而不是将其长期持有，故这类投资处于时刻交易状态，在报表中将其归类于流动资产。

一、交易性金融资产的计量及会计科目设置

交易性金融资产无论是在初始确认还是在资产负债表日均按公允价值计量。为了核算交易性金融资产的取得、收取现金股利或债券利息、处置等业务，企业应当设置“交易性金融资产”“公允价值变动损益”“投资收益”“应收股利”“应收利息”等科目。

“交易性金融资产”科目核算企业为交易目的所持有的债券投资、股票投资、基金投资等交易性金融资产的公允价值。企业持有的直接指定为以公允价值计量且其变动计入当期损益的金融资产也在“交易性金融资产”科目中核算。“交易性金融资产”科目的借方登记交易性金融资产的取得成本、资产负债表日其公允价值高于账面余额的差额等；贷方登记资产负债表日其公允价值低于账面余额的差额以及企业出售交易性金融资产时结转的成本和公允价值变动损益。企业应当按照交易性金融资产的类别和品种，分别设置“成本”“公允价值变动”等明细科目进行核算。

“公允价值变动损益”科目核算企业交易性金融资产等公允价值变动而形成的应计入当期损益的利得或损失。“公允价值变动损益”科目的贷方登记资产负债表日企业持有的交易性金融资产等的公允价值高于账面余额的差额；借方登记资产负债表日企业持有的交易性金融资产等的公允价值低于账面余额的差额。“公允价值变动损益”科目作为损益项目列入利润表。

“投资收益”科目核算企业持有交易性金融资产等期间取得的投资收益以及处置交易性金融资产等实现的投资收益或投资损失。“投资收益”科目的贷方登记企业出售交易性金融资产等实现的投资收益；借方登记企业为取得交易性金融资产所发生的相关交易费用及企业出售交易性金融资产等发生的投资损失。其中，交易费用是指可直接归属于购买、发行或处置金融工具新增的外部费用，包括支付给代理机构、咨询公司、券商等的手续费和佣金及其他必要支出，但不包括债券溢折价、融资费用、内部管理成本及其他与交易不直接相关的费用。

二、交易性金融资产的账务处理

（一）交易性金融资产的取得

企业取得交易性金融资产时，应当按照该金融资产取得时的公允价值作为其初始

确认金额；如果取得交易性金融资产时支付的价款中包含了已宣告但尚未发放的现金股利或已到付息期但尚未领取的债券利息的，应当单独确认为应收项目。为取得交易性金融资产所发生的相关交易费用应当在发生时计入投资收益。交易费用是指可直接归属于购买、发行或处置金融资产工具新增的外部费用，包括支付给代理机构、咨询公司、券商等的手续费和佣金及其他必要支出。

会计业务处理模板如下：

1. 取得时

借：交易性金融资产——成本

　　投资收益

　　应收利息

　　应收股利

　贷：其他货币资金——存出投资款

2. 收到购买时已宣告但尚未发放的现金股利或已到付息期但尚未领取的债券利息时

借：银行存款

　贷：应收利息

　　　应收股利

（二）持有期间的股利或利息

企业在持有交易性金融资产的期间里，对于被投资单位宣告发放的现金股利或企业在资产负债表日按分期付息、一次还本债券投资的票面利率计算的利息收入，应当确认为投资收益，同时也应确认为应收项目。

会计业务处理模板如下：

1. 确认时

借：应收利息

　　应收股利

　贷：投资收益

2. 实际收到时

借：银行存款

　贷：应收利息

　　　应收股利

（三）资产负债表日公允价值变动

在资产负债表日，交易性金融资产应当按照公允价值计量，公允价值与账面余额之间的差额计入当期损益。

会计业务处理模板如下：

1. 如果在资产负债表日，交易性金融资产公允价值高于其账面余额时

借：交易性金融资产——公允价值变动

　贷：公允价值变动损益

2. 如果在资产负债表日，交易性金融资产公允价值低于其账面余额时

借：公允价值变动损益

　　贷：交易性金融资产——公允价值变动

（四）出售交易性金融资产

会计业务处理模板如下：

借：银行存款

　　交易性金融资产——公允价值变动

　　贷：交易性金融资产——成本

　　　　　　　　　　　——公允价值变动

　　　投资收益

同时，将原计入该金融资产的公允价值变动转出：

借：公允价值变动损益

　　贷：投资收益

或

借：投资收益

　　贷：公允价值变动损益

例 3-2：

2016 年 11 月 5 日，A 公司存入证券公司 1 000 万元备用。11 月 9 日，A 公司委托证券公司从上海证券交易所购入 B 上市公司股票 50 万股，并将其划分为交易性金融资产。该笔股票投资在购买日的公允价值为 900 万元。A 公司另支付相关交易费用金额为 2.5 万元。

要求：编制 A 公司的账务处理。

（1）2016 年 11 月 5 日，存入证券公司 1 000 万元时：

借：其他货币资金——存出投资款	10 000 000	
贷：银行存款		10 000 000

（2）2016 年 11 月 9 日，购入 B 上市公司股票时：

借：交易性金融资产——成本	9 000 000	
投资收益	25 000	
贷：其他货币资金——存出投资款		9 025 000

例 3-3：

2016 年 1 月 8 日，A 公司购入 B 公司发行的公司债券，该笔债券于 2015 年 7 月 1 日发行，面值为 2 000 万元，票面利率为 4%，债券每年年末付息一次，利息于次年的 2 月份收到。A 公司将其划分为交易性金融资产，以银行存款支付价款为 2 100 万元（其中包括已到付息期尚未领取的债券利息 40 万元）和交易费用 30 万元。2016 年 2 月 5 日，A 公司收到该笔债券利息 40 万元。2016 年 12 月 31 日，A 公司购买的该笔债券的市价为 2 080 万元。2017 年 2 月 5 日，A 公司收到债券利息 80 万元。2017 年 2 月 25 日，A 公司出售了所持有的 B 公司发行的公司债券，售价为 2 085 万元。

要求：编制 A 公司的账务处理。

（1）2016 年 1 月 8 日，购入 B 公司债券时：

借：交易性金融资产——成本　　20 600 000
　　应收利息　　400 000
　　投资收益　　300 000
　贷：其他货币资金——存出投资款　　21 300 000

（2）2016 年 2 月 5 日，收到购买价款中包含的已到付息期尚未领取的债券利息时：

借：银行存款　　400 000
　贷：应收利息　　400 000

（3）2016 年 12 月 31 日，确认 B 公司的公司债券利息收入时：

借：应收利息　　800 000
　贷：投资收益　　800 000

（4）2016 年 12 月 31 日，B 公司的公司债券公允价值发生变动时：

借：交易性金融资产——公允价值变动　　200 000
　贷：公允价值变动损益　　200 000

（5）2017 年 2 月 5 日，收到 B 公司的公司债券利息时：

借：银行存款　　800 000
　贷：应收利息　　800 000

（6）2017 年 2 月 25 日，出售 B 公司的公司债券时：

借：银行存款　　20 850 000
　贷：交易性金融资产——成本　　20 600 000
　　　　　　　　　——公允价值变动　　200 000
　　投资收益　　50 000

同时，

借：公允价值变动损益　　200 000
　贷：投资收益　　200 000

第二节　持有至到期投资的核算

持有至到期投资是指到期日固定、回收金额固定或可确定，并且企业有明确意图和能力持有至到期的非衍生金融资产。从性质上看，持有至到期投资属于债券性投资。债券的发行，有平价发行（发行价格等于债券面值）、溢价发行（发行价格高于债券面值）、折价发行（发行价格低于债券面值）三种类型。相应地，债券的购入，就有平价购入、溢价购入、折价购入三种类型。

一、持有至到期投资的计量及会计科目设置

取得持有至到期投资时按公允价值计量，其后续计量采用摊余成本。持有至到期

投资的摊余成本是指持有至到期投资的初始确认金额经过下列调整后的结果：

第一，扣除已偿还的本金。

第二，加上或减去采用实际利率法将该初始确认金额与到期日的差额进行摊销形成的累积摊销额。

第三，扣除已发生的减值损失。

企业对持有至到期投资应设置“持有至到期投资”科目进行核算。该科目属于非流动资产类科目，按照持有至到期投资的类别和品种，分别设置“成本”“利息调整”“应计利息”等明细科目进行核算。

二、持有至到期投资的账务处理

企业取得的金融资产并确认划分为持有至到期投资，应按该投资的面值，借记“持有至到期投资——成本”科目；按支付的价款中包含的已到付息期但尚未领取的利息，借记“应收利息”科目；按实际支付的金额，贷记“银行存款”等科目；按其差额，借记或贷记“持有至到期投资——利息调整”科目。

（一）折价购买的会计业务处理模板

1. 购买时的会计处理

借：持有至到期投资——成本

　　应收利息

　贷：其他货币资金——存出投资款

　　　持有至到期投资——利息调整

2. 持有期间投资收益的确认

借：应收利息

　　持有至到期投资——利息调整

　贷：投资收益

借：银行存款

　贷：应收利息

3. 到期收回本金

借：银行存款

　贷：持有至到期投资——成本

例 3-4：

甲公司支付 936.59 元购买乙公司于 2013 年 1 月 1 日发行的面值为 1 000 元的债券，其票面利率为 8%，每年计算并付利息一次，并于 4 年后的 12 月 31 日到期。当时的实际利率为 10%。要求：进行相应账务处理。

当时购买价 = 80×（P/A，10%，4）+1 000×（P/S，10%，4）

= 80×3.169 9+1 000×0.683

= 253.592+683

= 936.59（元）

具体计算结果如表 3-1 所示：

表 3-1　　该债券各年计算结果　　单位：元

年份	期初摊余成本 A	实际利息 B= A×10%	现金流入 C=面值×8%	差额 D=B-C	期末摊余成本 E=A+D
2013	936.59	93.659	80	13.659	950.249
2014	950.249	95.0249	80	15.0249	965.2739
2015	965.2739	96.52739	80	16.52739	981.80129
2016	981.80129	98.19871*	80	18.19871	1 000
合计			320	63.41	

* 98.19871=80+（63.41-13.659-15.0249-16.52739）

1. 购买时的会计处理

借：持有至到期投资——成本　　1 000

　贷：其他货币资金——存出投资款　　936.59

　　　持有至到期投资——利息调整　　63.41

2. 持有期间投资收益的确认

（1）2013 年时：

借：应收利息　　80

　　持有至到期投资——利息调整　　13.659

　贷：投资收益　　93.659

借：银行存款　　80

　贷：应收利息　　80

（2）2014 年时：

借：应收利息　　80

　　持有至到期投资——利息调整　　15.0249

　贷：投资收益　　95.0249

借：银行存款　　80

　贷：应收利息　　80

（3）2015 年时：

借：应收利息　　80

　　持有至到期投资——利息调整　　16.52793

　贷：投资收益　　96.52793

借：银行存款　　80

　贷：应收利息　　80

（4）2016 年时：

借：应收利息　　80

　　持有至到期投资——利息调整　　18.19871

　贷：投资收益　　98.19871

借：银行存款　　80

　贷：应收利息　　80

3. 到期收回本金

借：银行存款　　1 000

　贷：持有至到期投资——成本　　1 000

（二）溢价购买的会计处理模板

1. 购买时的会计处理

借：持有至到期投资——成本

　　持有至到期投资——利息调整

　贷：其他货币资金——存出投资款

2. 持有期间的收益会计处理

借：应收利息

　贷：持有至到期投资——利息调整

　　　投资收益

借：银行存款

　贷：应收利息

3. 到期收回本金

借：银行存款

　贷：持有至到期投资——成本

例 3-5：

甲公司支付 1 066. 21 元购买乙公司于 2013 年 1 月 1 日发行的面值为 1 000 元的债券，其票面利率为 10%，每年计算并付利息一次，并于4 年后的 12 月 31 日到期。当时的实际利率为 8%。要求：进行相关账务处理。

当时购买价 = 100×（P/A，8%，4）+1 000×（P/S，8%，4）

= 100×3. 312 1+1 000×0. 735

= 331. 21+735

= 1 066. 21（元）

具体计算结果如表 3-2 所示：

表 3-2　　该债券各年计算结果　　单位：元

年份	期初摊余成本 A	实际利息 B = A×8%	现金流入 C = 面值×10%	差额 D = C−B	期末摊余成本 E = A−D
2013	1 066. 21	85. 296 8	100	14. 703 2	1 051. 506 8
2014	1 051. 506 8	84. 120 5	100	15. 879 5	1 035. 627 3
2015	1 035. 627 3	84. 130 2	100	15. 869 8	1 019. 757 5
2016	1 019. 757 5	80. 242 5*	100	19. 757 5	1 000
合计			400	66. 21	

* 80. 242 5 = 100−（66. 21−14. 703 2−15. 879 5−15. 869 8）

1. 购买时的会计处理

借：持有至到期投资——成本　　1 000

　　持有至到期投资——利息调整　　66.21

　贷：其他货币资金——存出投资款　　1 066.21

2. 持有期间收益的会计处理

(1) 2013 年时：

借：应收利息　　100

　贷：持有至到期投资——利息调整　　14.703 2

　　　投资收益　　85.296 8

借：银行存款　　100

　贷：应收利息　　100

(2) 2014 年时：

借：应收利息　　100

　贷：持有至到期投资——利息调整　　15.879 5

　　　投资收益　　84.120 5

借：银行存款　　100

　贷：应收利息　　100

(3) 2015 年时：

借：应收利息　　100

　贷：持有至到期投资——利息调整　　15.869 8

　　　投资收益　　84.130 2

借：银行存款　　100

　贷：应收利息　　100

(4) 2016 年时：

借：应收利息　　100

　贷：持有至到期投资——利息调整　　19.757 5

　　　投资收益　　80.242 5

借：银行存款　　100

　贷：应收利息　　100

3. 到期收回本金

借：银行存款　　1 000

　贷：持有至到期投资——成本　　1 000

(三) 平价购买的会计处理模板

1. 购买时的会计处理

借：持有至到期投资——成本

　贷：其他货币资金——存出投资款

2. 持有期间收益的会计处理

借：应收利息

　贷：投资收益

借：银行存款

　贷：应收利息

3. 到期收回本金

借：银行存款

　贷：持有至到期投资——成本

例 3-6：

甲公司支付 1 000 元购买乙公司于 2013 年 1 月 1 日发行的面值为 1 000 元的债券，其票面利率为 10%，每年计算并付利息一次，并于 4 年后的 12 月 31 日到期。当时的实际利率为 10%。要求：进行相应账务处理。

具体计算结果如表 3-3 所示：

表 3-3　　　　该债券各年计算结果　　　　单位：元

年份	期初摊余成本 A	实际利息 B＝ A×10%	现金流入 C＝面值×10%	差额 D＝C−B	期末摊余成本 E＝A−D
2013	1 000	100	100	0	1 000
2014	1 000	100	100	0	1 000
2015	1 000	100	100	0	1 000
2016	1 000	100	100	0	1 000
合计		400	400		

1. 购买时的会计处理

借：持有至到期投资——成本　　1 000

　贷：其他货币资金——存出投资款　　1 000

2. 持有期间收益的会计处理

（1）2013 年时：

借：应收利息　　100

　贷：投资收益　　100

借：银行存款　　100

　贷：应收利息　　100

（2）2014 年、2015 年、2016 年持有期间收益的会计处理是相同的。

3. 到期收回本金

借：银行存款　　1 000

　贷：持有至到期投资——成本　　1 000

在资产负债表日，企业应对持有至到期投资进行减值测试。持有至到期投资以摊余成本进行后续计量，如果持有至到期投资的预计未来现金流量现值小于其账面价值，则表明该项持有至到期投资发生了减值。

会计业务处理模板如下：

借：资产减值损失

　贷：持有至到期投资减值准备

【特别提示】

已计提减值准备的持有至到期投资的价值若在以后又得以恢复，应在原已计提的减值准备金额内，按恢复增加的金额借记“持有至到期投资减值准备”科目，贷记“资产减值损失”科目。

第四节 应收款项的核算

一、应收票据的核算

（一）应收票据概述

应收票据是指企业因采用商业汇票支付方式销售商品、产品或提供劳务等而收到的商业汇票。

商业汇票是出票人签发的，委托付款人在指定日期无条件支付确定的金额给收款人或持票人的票据。在银行开立存款账户的法人以及其他组织之间必须具有真实的交易关系或债权债务关系才能使用商业汇票。

商业汇票按承兑人的不同，分为商业承兑汇票和银行承兑汇票。

商业承兑汇票由银行以外的付款人承兑。商业承兑汇票按交易双方的约定，由销货企业或购货企业签发，但由购货企业承兑。承兑时，购货企业应在汇票正面记载“承兑”字样和承兑日期并签章。

银行承兑汇票由银行承兑，由在承兑银行开立账户的存款人签发。承兑银行按票面金额向出票人收取万分之五的手续费。购货企业应于汇票到期前将票款足额交存其开户银行，以备由承兑银行在汇票到期日或到期日后的见票当日支付票款。销货企业应在汇票到期时将汇票连同进账单送交开户银行以便转账收款。承兑银行凭汇票将承兑款项无条件转给销货企业，如果购货企业于汇票到期日未能足额交存票款时，承兑银行除凭票向持票人无条件付款外，对出票人尚未支付的汇票金额按每天万分之五计收罚息。

商业汇票按照是否计息可分为带息商业汇票和不带息商业汇票。带息商业汇票是指在商业汇票到期时，承兑人必须按票面金额加上应计利息向收款人或被背书人支付票款的票据。不带息商业汇票是指商业汇票到期时，承兑人只按票面金额（即面值）向收款人或被背书人支付票款的票据。

（二）应收票据的会计处理

应收票据应当按票据的面值计价，即企业收到应收票据时应按照票据的面值入账。

为了反映和监督应收票据取得、收回及票据贴现等业务，企业应设置“应收票据”账户。该账户的借方登记取得的应收票据的面值和计提的票据利息，贷方登记到期收回票款或到期前向银行贴现的应收票据的票面余额；期末余额在借方，反映企业尚未收回且未申请贴现的应收票据的面值和应计利息。该账户应按照商业汇票的种类设置明细账，进行明细核算。

1. 不带息应收票据的核算

会计业务处理模板如下：

（1）取得票据时：

借：应收票据

  贷：主营业务收入

    应交税费——应交增值税——销项税额

（2）应收票据到期收回时：

借：银行存款

  贷：应收票据

（3）到期不能收回的不带息应收票据：

借：应收账款

  贷：应收票据

例 3-7：

2016 年 2 月 A 企业销售一批产品给 B 企业，货已发出，货款 30 000 元，增值税税额为 5 100 元。双方商定采用商业汇票结算。B 企业交给 A 企业一张 6 个月到期不带息的商业承兑汇票，面额为 35 100 元。6 个月后，应收票据到期，A 企业收回款项 35 100 元，存入银行。要求：编制相应会计分录。

（1）取得票据时：

借：应收票据	35 100	
贷：主营业务收入		30 000
应交税费——应交增值税——销项税额		5 100

（2）应收票据到期收回时：

借：银行存款	35 100	
贷：应收票据		35 100

（3）到期不能收回的不带息应收票据：

借：应收账款	35 100	
贷：应收票据		35 100

2. 带息应收票据的核算

带息应收票据的核算，应注意票据利息的计算，其计算公式如下：

应收票据利息 = 票面金额 × 票面利率 × 期限

公式中，“票面利率”一般指年利率，“期限”指签发日至到期日的时间间隔。票据的期限，有按日表示和按月表示两种。

票据期限按月表示时，应以到期月份中与出票日相同的那一天为到期日。例如，3 月

10 日签发的 3 个月票据，到期日应为 6 月 10 日。月末签发的票据，不论月份大小，以到期月份的月末那一天为到期日。例如，4 月 30 日签发的 4 个月票据，到期日应为 8 月 31 日。票据期限按月表示时，计算利息使用的利率要换算成月利率（年利率÷12）。

票据期限按日表示时，应从出票日起按实际经历天数计算。通常出票日和到期日只能计算其中的一天，即“算头不算尾”或“算尾不算头”。例如，3 月 10 日签发的 90 天票据，其到期日应为 6 月 7 日。同时，计算利息使用的利率要换算成日利率（年利率÷360）。

会计业务处理模板如下：

（1）期中或年末计算票据的利息时：

借：应收票据

　贷：财务费用

（2）带息应收票据到期收回时：

借：银行存款

　贷：应收票据

　　财务费用

（3）到期不能收回带息应收票据时：

借：应收账款

　贷：应收票据

例 3-8：

一张面值为 50 000 元、利率为 10%、期限为 180 天的商业汇票，其出票日为 3 月 18 日，求该票据的到期日及应计提利息额。

票据到期日应为 9 月 14 日（3 月 18 日至月底计 14 天；4 月份 30 天；5 月份 31 天；6 月份 30 天；7 月份 31 天；8 月份 31 天；至 9 月 13 日共 180 天，按“算头不算尾”的办法，到期日应为 9 月 14 日，14 日不计息）。

该票据应计利息额 = 50 000×10%×180÷360 = 2 500（元）

例 3-9：

甲企业于 2016 年 1 月 1 日销售一批产品给乙企业，货已发出，专用发票上注明的销售收入为 10 000 元，增值税为 1 700 元。收到乙企业交来的商业承兑汇票一张，期限 5 个月，票面利率为 4%。要求：编制相应会计分录。

（1）收到票据时：

借：应收票据	11 700	
贷：主营业务收入		10 000
应交税费——应交增值税——销项税额		1 700

（2）票据到期收回款项时：

收款金额 = 11 700+11 700×4%÷12×5 = 11 895（元）

借：银行存款	11 895	
贷：应收票据		11 700
财务费用		195

3. 应收票据转让的核算

企业可以将自己持有的商业汇票背书转让。背书是持票据人在票据背面签字，签字人称为背书人，背书人对票据的到期付款负连带责任。

（1）转让不带息的应收票据的会计业务处理模板如下：

借：原材料

材料采购

应交税费——应交增值税——进项税额

贷：应收票据

（2）转让带息的应收票据的会计业务模板如下：

借：原材料

材料采购

应交税费——应交增值税——进项税额

贷：应收票据

4. 应收票据贴现

（1）票据贴现的概念。应收票据贴现是指持票人因急需资金，将未到期的商业汇票背书后质押给银行，银行受理后，从票面金额中扣除按银行的贴现率计算的贴现利息后，将余额付给贴现企业的业务活动。

应收票据贴现实质上是将商业票据质押给银行的一种企业融资的形式。在贴现中，企业付给银行的利息称为贴现利息，银行计算贴现利息的利率为贴现率，企业从银行获得的票据到期值扣除贴现利息后的货币收入称为贴现所得，即贴现净额。

（2）票据贴现的计算及账务处理。应收票据的贴现要计算贴现期、贴现利息和贴现净额。其中，贴现期是指自贴现日起至到期日为止的实际天数，也采用“算头不算尾”或“算尾不算头”的方法计算确定。若承兑人在异地，贴现天数要另加 3 天划款期。贴现的计算公式如下：

票据到期值 = 面值 + 利息

贴现利息 = 票据到期值 × 贴现率 × 贴现期

贴现净额 = 票据到期值 - 贴现利息

贴现时取得贴现款的会计处理模板如下：

借：银行存款

财务费用

贷：应收票据

财务费用

贴现的商业承兑汇票到期，因承兑人的银行存款账户不足以支付，申请贴现的企业收到银行退回的商业承兑汇票时，申请贴现企业的银行存款账户余额充足时，按商业汇票的票面金额，借记“应收账款”科目，贷记“银行存款”科目；申请贴现企业的银行存款账户余额不足时，应按商业汇票的票面金额，借记“应收账款”科目，贷记“短期借款”科目；银行作逾期贷款处理。

例 3-10：

某企业 4 月 29 日销售给本市 F 公司产品一批，货款总计 100 000 元，适用增值税税率为17%。F公司交来一张出票日为5月1日、面值为117 000元、期限为3个月的商业承兑无息票据。该企业6月1日持票据到银行贴现，贴现率为12%（本项贴现业务符合金融资产转移准则规定的金融资产终止确认条件）。要求：编制相应会计分录。

（1）收到票据时：

借：应收票据　117 000

　贷：主营营业收入　100 000

　　应交税费——应交增值税（销项税额）　17 000

（2）6月1日到银行贴现时，票据到期日为8月1日，贴现期为2个月（6月1日至8月1日）。

票据到期值=票据票面金额=117 000（元）

贴现息=117 000×12%×2÷12=2 340（元）

贴现额=117 000−2 340=114 660（元）

借：银行存款　114 660

　财务费用　2 340

　贷：应收票据　117 000

例3-11：

例3-10中，到8月1日，企业已办理贴现的应收票据到期，若F公司无力向贴现银行支付票款，贴现银行将票据退回企业并从该企业的账户将票据款划出。要求：编制相应会计分录。

借：应收账款——F公司　117 000

　贷：银行存款　117 000

例3-12：

例3-10中，到8月1日，企业已办理贴现的应收票据到期，若F公司无力向贴现银行支付票款，贴现银行将票据退回企业，但该企业银行存款账户余额不足，则贴现银行将这笔款项金额作为逾期贷款通知该企业。要求：编制相应会计分录。

借：应收账款——F公司　117 000

　贷：短期借款　117 000

二、应收账款的核算

（一）应收账款概述

应收账款是指企业因销售商品、产品或提供劳务等业务，应向购货单位或接受劳务单位收取的款项。应收账款是企业因销售商品、产品、提供劳务等经营活动形成的债权。核算应收账款时，必须确定其入账价值，及时反映应收账款的形成、收回情况，合理地确认和计量坏账损失，并按规定计提坏账准备。

（二）应收账款入账价值的确定

应收账款应按实际发生额计价入账。应收账款的入账价值包括销售货物或提供劳务的价款、增值税以及代购货单位垫付的包装费、运杂费等。在确认应收账款的入账价值时，还要考虑商业折扣等因素。

1. 商业折扣

所谓商业折扣，是指销售企业为了鼓励客户多购商品而在商品标价上给予的扣除。通常用百分数来表示，如10%、20%等。扣减折扣后的净额才是实际销售价格。商业折扣一般在交易发生时即已确定，它仅仅是确定实际销售价格的一种手段，不需在买卖双方任何一方的账上反映。因此，在存在商业折扣的情况下，企业应收账款入账金额应按扣除商业折扣以后的实际售价确认。

2. 现金折扣

所谓现金折扣，是指债权人为了鼓励债务人在规定的期限内早日付款而向债务人提供的债务扣除。现金折扣通常发生在以赊销方式销售商品及提供劳务的交易中。企业为了鼓励客户提前偿付货款，通常与债务人达成协议，债务人在不同的期限内付款可享受不同比例的折扣。现金折扣一般用符号“折扣率/付款期限”来表示。例如，“3/10，1/20，N/30”表示10天内付款按售价给予3%的折扣，20天内付款按售价给予1%的折扣，30天内付款则不给折扣。

根据企业会计准则的规定，在存在现金折扣的情况下，应收账款应以未减去现金折扣的金额作为入账价值，即按总价法入账。实际发生的现金折扣作为一种理财费用，计入当期发生的损益，即记入“财务费用”会计科目中。

【特别提示】

计算现金折扣时，以应收账款入账总金额减去所包含的增值税金额的数额作为计算现金折扣的基数。

（三）应收账款的会计处理

1. 没有商业折扣情况

会计业务处理模板如下：

借：应收账款

　贷：主营业务收入

　　其他业务收入

　　应交税费——应交增值税——销项税额

2. 有商业折扣情况

企业发生的应收账款在有商业折扣的情况下，应按扣除商业折扣后的金额入账。

3. 有现金折扣情况

企业发生的应收账款在有现金折扣的情况下，采用总价法入账，发生的现金折扣作为财务费用处理。

例3-13：

2016年10月1日，甲企业采用委托收款方式向乙企业销售一批商品，价款为50 000元，增值税税率为17%，甲企业以支票方式为乙企业代垫付运费500元，已办妥托收手续。10月6日，甲企业收到银行收款通知，收到上述全部货款。要求：编制相应会计分录。

(1) 借：应收账款——乙企业 59 000
　　贷：主营业务收入 50 000
　　　　应交税费——应交增值税——销项税额 8 500
　　　　银行存款 500
(2) 借：银行存款 59 000
　　贷：应收账款 59 000

例 3-14：

甲企业销售一批产品给丙企业，按价目表标明的价格计算，不含税金额为 10 000 元。由于是成批销售，甲企业给丙企业 10%的商业折扣，折扣金额为 1 000 元，增值税税率为 17%。款项尚未收到。要求：编制相应会计分录。

借：应收账款——丙企业 10 530
　贷：主营业务收入 9 000
　　　应交税费——应交增值税——销项税额 1 530

例 3-15：

甲企业在 2016 年 9 月 5 日销售一批产品给丁企业，增值税专用发票上注明不含税售价是 10 000 元，增值税为 1 700 元，产品交付并办妥托收手续。销售产品时，甲企业规定现金折扣的条件为"2/10，1/20，N/30"。要求：编制相应会计分录。

(1) 借：应收账款——丁企业 11 700
　　贷：主营业务收入 10 000
　　　　应交税费——应交增值税——销项税额 1 700

(2) 如果丁企业在 10 日内付款，甲企业应进行如下账务处理：

借：银行存款 11 500
　　财务费用 200
　贷：应收账款——丁企业 11 700

(3) 如果丁企业在 20 日内付款，甲企业应进行如下账务处理：

借：银行存款 11 600
　　财务费用 100
　贷：应收账款——丁企业 11 700

(4) 如果丁企业超过了现金折扣的最后期限付款，甲企业应进行如下账务处理：

借：银行存款 11 700
　贷：应收账款——丁企业 11 700

(四) 坏账损失的核算

坏账是指企业无法收回或收回的可能性极小的应收款项，包括应收账款和其他应收款等。由于发生坏账而产生的损失，称为坏账损失。

企业确认坏账时，应遵循财务报告的目标和会计核算的基本原则，具体分析各应收账款的特性、金额的大小、信用期限、债务人的信誉和当时的经营情况等因素。一般来讲，企业的应收账款符合下列条件之一的，应确认为坏账：债务人破产或死亡，以其破产财产或遗产清偿后仍然无法收回；债务人较长时期内未履行其偿债义务，并有足够的证据表明无法收回或收回的可能性极小。

企业应当在期末对应收账款进行检查，并预计可能产生的坏账损失。对预计可能发生的坏账损失，计提坏账准备。企业计提坏账准备的方法由企业自行确定。企业应当制定计提坏账准备的政策，明确计提的范围、方法、账龄的划分和提取比例，按照管理权限，经股东大会或董事会或经理（厂长）会议或类似机构批准，按照法律、行政法规的规定报有关各方备案，并备置于企业所在地，以供投资者查阅。坏账准备计提方法一经确定，不得随意变更。如需变更，仍需按上述程序，经批准后报送有关各方备案，并在会计报表附注中予以说明。

在计提坏账准备时，应注意以下几个问题：

第一，除有确凿证据表明该项应收款项不能收回或收回的可能性不大外（如债务单位已撤销、破产、资不抵债、现金流量严重不足、发生严重的自然灾害等导致停产而在短时间内无法偿付债务等以及 3 年以上的应收款项），下列情况不能全额计提坏账准备：

一是当年发生的应收款项。

二是计划对应收款项进行重组。

三是与关联方发生的应收款项。

四是其他已逾期但无确凿证据表明不能收回的应收款项。

第二，对于企业的预付账款，如有确凿证据表明其不符合预付账款性质，或者因供货单位破产、撤销等原因已无望再收到所购货物时，应当将原计入预付账款的金额转入其他应收款，并按规定计提坏账准备。

第三，企业不应对应收票据计提坏账准备，而应等应收票据到期不能收回转入应收账款后，再按规定计提坏账准备。

坏账损失的核算方法一般有两种：直接转销法和备抵法。根据我国企业会计准则的规定，企业应采用备抵法核算坏账损失。

1. 备抵法的概念

备抵法是指采用一定的方法按期估计坏账损失，计入当期费用，同时建立坏账准备，当实际发生坏账损失时，应根据其金额冲减已计提的坏账准备，同时转销相应的应收款项的一种方法。

采用这种方法，坏账损失计入同一损益期间，体现了权责发生制和配比原则的要求；避免了企业虚盈实亏，体现了谨慎原则的要求；在报表上列示应收款项净额，使报表使用者能了解企业应收款项的可变现金额。

企业采用备抵法进行坏账损失的核算时，首先应按期估计坏账损失。估计坏账损失的方法有应收款项余额百分比法、账龄分析法和销货百分比法等。

（1）应收款项余额百分比法。余额百分比法是根据会计期末应收款项的余额乘以估计坏账率即为当期应估计的估计坏账损失，据此提取坏账准备。估计坏账率可以按照以往的数据资料加以确定，也可以根据规定的百分率计算。企业发生的坏账多，比例相应就高些；反之则低些。

（2）账龄分析法。账龄分析法是指根据应收账款入账时间的长短来估计坏账损失一种方法。虽然应收账款能否收回以及能收回多少不一定完全取决于入账时间的长短，但一般来说，账款拖欠的时间越长，发生坏账的可能性就越大。

（3）销货百分比法。销货百分比法是指根据赊销金额的一定百分比估计坏账损失的一种方法。在采用此方法时，估计坏账损失百分比可能由于企业生产经营情况的不断变化而不相适应。因此，必须经常检查百分比是否能反映企业坏账损失的实际情况，倘若发现过高或过低的情况，应及时调整百分比。采用该种方法计提坏账准备时，不用考虑上年“坏账准备”科目的余额。

在备抵法下，企业应设置“坏账准备”账户，该账户期末余额一般在贷方，反映企业已经提取但尚未转销的坏账准备数额。

2. 坏账损失的核算

采用备抵法，坏账准备可按下列公式计算：

当期应提坏账准备金额=本期“应收款项”科目的期末余额×坏账准备计提比例

当期实际提取的坏账准备=当期应提坏账准备金额-计提前“坏账准备”科目的贷方余额（+计提前“坏账准备”科目的借方余额）

【特别提示】

第一，在每年年末计提坏账准备前，要充分考虑前期坏账准备的余额方向，若坏账准备的余额方向在借方，表示前期计提的金额过少，需要在本期补提回来，本期实际计提坏账准备金额=应收账款余额×计提比例+前期坏账准备借方金额。若坏账准备的余额方向在贷方，表示前期计提的金额过多，需要在本期冲减计提过多的金额，本期实际计提坏账准备金额=应收账款余额×计提比例-前期坏账准备贷方金额。

第二，计提坏账准备时间在每年年末，也就是在每年的12月末。

第三，检验计提坏账准备正确与否的方法是每年年末应收账款余额乘以计提坏账准备的比率等于坏账准备的余额

核算坏账损失的会计业务处理模板如下：

（1）如果当期按应收款项计算的应提坏账准备金额大于计提前“坏账准备”科目的贷方余额，应按其差额提取坏账准备。

借：资产减值损失

　贷：坏账准备

（2）如果当期按应收款项计算的应提坏账准备金额小于计提前“坏账准备”科目的贷方余额，应按其差额冲减已计提的坏账准备；如果当期按应收款项计算的应提坏账准备金额为零，应将“坏账准备”科目余额全部冲回。

借：坏账准备

　贷：资产减值损失

（3）企业实际发生坏账时：

借：坏账准备

　贷：应收账款

　　　其他应收款

(4) 如果已确认并转销的坏账以后又收回，其业务处理如下：

借：应收账款

　　其他应收款

　贷：坏账准备

同时，

借：银行存款

　贷：应收账款

　　其他应收款

例 3-16：

某企业 2014 年年末应收账款的余额为 1 000 000 元，提取坏账准备的比例为 5‰，2015 年发生了坏账损失 6 000 元，年末应收账款的余额为 1 100 000 元，2016 年已冲销的应收账款又收回 1 900 元，期末应收账款的余额为 1 200 000 元。要求：进行相应账务处理。

(1) 2014 年提取坏账准备 = 1 000 000×5‰ = 5 000（元）

借：资产减值损失	5 000	
贷：坏账准备		5 000

(2) 2015 年转销坏账：

借：坏账准备	6 000	
贷：应收账款		6 000

2015 年年末按应收账款的余额计提坏账准备 = 1 100 000×5‰ = 5 500（元）

年末计提坏账准备前，“坏账准备”科目的借方余额为 1 000 元，则本年度实际应提坏账准备为 6 500（5 500+1 000）元。

借：资产减值损失	6 500	
贷：坏账准备		6 500

(3) 2016 年已冲销的应收账款又收回 1 900 元：

借：应收账款	1 900	
贷：坏账准备		1 900

同时，

借：银行存款	1 900	
贷：应收账款		1 900

2016 年年末按应收账款的余额计算提取坏账准备 = 1 200 000×5‰ = 6 000（元）

至年末，计提坏账准备前的“坏账准备”科目的贷方余额为 7 400 元，本年度应冲销多提的坏账准备金额为 1 400（7 400−6 000）元。

借：坏账准备	1 400	
贷：资产减值损失		1 400

例 3-17：

某企业 2016 年 12 月 31 日应收账款账龄及估计坏账损失的情况如表 3-4 所示：

表 3-4　　　　2016 年 12 月 31 日应收账款账龄及估计坏账损失情况表

应收账款账龄	应收账款金额（元）	估计损失（%）	估计损失金额（元）
未到期	60 000	0.5	300
过期 2 个月	50 000	1	500
过期 4 个月	40 000	2	800
过期 6 个月	30 000	3	900
过期 6 个月以上	20 000	4	800
合计	200 000		3 300

要求：

（1）假设在估计坏账损失前，“坏账准备”科目有贷方余额 300 元，计算本期“坏账准备”科目应入账的金额，并编制会计分录。

（2）假设在估计坏账损失前，“坏账准备”科目有贷方余额 4 000 元，计算本期“坏账准备”科目应入账的金额，并编制会计分录。

（3）假设在估计坏账损失前，“坏账准备”科目有借方余额 300 元，计算本期“坏账准备”科目应入账的金额，并编制会计分录。

解析：

（1）从表 3-4 中看出，该企业 2016 年 12 月 31 日“坏账准备”科目的贷方金额应为 3 300 元，而在估计坏账损失前，“坏账准备”科目有贷方余额 300 元，则该企业本期还应计提 3 000（3 300-300）元的坏账准备。编制的会计分录如下：

借：资产减值损失　　　　3 000

　贷：坏账准备　　　　3 000

（2）假设在估计坏账损失前，“坏账准备”科目有贷方余额 4 000 元，则该企业本期应冲减 700（3 300-4 000）元的坏账准备。编制的会计分录如下：

借：坏账准备　　　　700

　贷：资产减值损失　　　　700

（3）假设在估计坏账损失前，“坏账准备”科目有借方余额 300 元，则该企业本期还应计提 3 600（3 300+300）元的坏账准备。编制的会计分录如下：

借：资产减值损失　　　　3 600

　贷：坏账准备　　　　3 600

例 3-18：

某公司 2016 年全年赊销金额为 500 000 元，根据以往资料和经验，估计坏账损失率为 3%。要求：根据销货百分比法计算 2016 年年末应计提的坏账准备金额并编制会计分录。

2016 年年末估计坏账损失为 = 500 000×3% = 15 000（元）

借：资产减值损失　　　　15 000

　贷：坏账准备　　　　15 000

第五节　可供出售金融资产的核算

投资企业对被投资单位不具有共同控制或重大影响，并且在活跃市场中没有报价的，公允价值不能可靠计量的股权投资，作为按成本计量的可供出售金融资产进行核算。其他划分为可供出售金融资产的投资，会计处理与以公允价值计量且其变动计入当期损益的金融资产的会计处理相比，既有共同点，又有不同点。二者的共同点在于无论是可供出售金融资产还是交易性金融资产，其初始投资和资产负债表日都按公允价值计量。但是，二者也有一些不同。例如，可供出售金融资产取得时发生的交易费用应当计入初始入账金额，可供出售金融资产后续计量时公允价值变动计入所有者权益，可供出售外币股权投资因资产负债表日汇率变动形成的汇兑损益计入所有者权益等。

为反映企业可供出售金融资产的购入、持有、出售以及持有期内的公允价值变动情况，会计上设置“可供出售金融资产”账户进行核算。该账户属非流动资产类账户，按照可供出售金融资产类别和品种，分别设置“成本”“利息调整”“应计利息”“公允价值变动”等明细账户进行明细核算。

一、可供出售金融资产的取得

（一）企业取得的可供出售金融资产为股票投资

会计业务处理模板如下：

借：可供出售金融资产——成本

　　应收股利

　贷：其他货币资金——存出投资款

（二）企业取得的可供出售金融资产为债券投资

会计业务处理模板如下：

借：可供出售金融资产——成本

　　应收利息

　贷：银行存款

　　　可供出售金融资产——利息调整（差额或在借方）

二、持有期间投资收益的确认

（一）企业取得的可供出售金融资产为股票投资

如果被投资方宣告发放现金股利时才能确认为该项投资的投资收益，会计业务处理模板如下：

借：应收股利

　贷：投资收益

（二）企业取得的可供出售金融资产为债券投资

如果企业取得的可供出售金融资产为债券投资，在资产负债表日计算利息并确认投资收益。债券利息的计算与持有至到期投资计算方法一样，会计业务处理模板如下：

1. 可供出售金融资产为分期付息，一次还本的债券投资

借：应收利息（按票面利率计算确定的应收未收利息）

　贷：投资收益（实际利息收入）

　　可供出售金融资产——利息调整（差额或在借方）

2. 可供出售金融资产为一次还本付息的债券投资

借：可供出售金融资产——应计利息（按票面利率计算确定的应收未收利息）

　贷：投资收益（实际利息收入）

　　可供出售金融资产——利息调整（差额或在借方）

（三）资产负债表日公允价值变动

资产负债表日如果可供出售金融资产的公允价值高于其账面余额，则将按其差额进行账务处理。会计业务处理模板如下：

借：可供出售金融资产——公允价值变动

　贷：资本公积——其他资本公积

如果是可供出售金融资产公允价值低于其账面余额，则编制相反的会计分录。

（四）出售可供出售金融资产

会计业务处理模板如下：

借：银行存款

　贷：可供出售金融资产——成本

　　可供出售金融资产——公允价值变动（或在借方）

　　可供出售金融资产——应计利息

　　可供出售金融资产——利息调整（或在借方）

　　投资收益（或在借方）

同时，还应按其从所有者权益中转出的公允价值累计变动额转入“投资收益”账户。

借：资本公积——其他资本公积

　贷：投资收益

或者

借：投资收益

　贷：资本公积——其他资本公积

例 3-19：

2016 年 5 月 20 日，甲公司从深圳证券交易所购入乙公司股票 1 000 000 股，支付价款合计 5 080 000 元，其中，证券交易税等交易费用 8 000 元，已宣告但尚未发放现金股利 72 000 元。甲公司将其划分为可供出售金融资产。2016 年 6 月 20 日，甲公司收

到乙公司发放的现金股利72 000元。2016年12月31日，乙公司股票收盘价为每股4.90元。2017年1月15日，甲公司以每股5元的价格将股票全部出售，同时支付证券交易税等交易费用7 000元。要求：编制甲公司相应会计分录。

（1）2016年5月20日购入乙公司股票时：

借：可供出售金融资产——成本　5 008 000
　　应收股利　72 000
　贷：其他货币资金——存出投资款　5 080 000

（2）2016年6月20日收到乙公司发放的现金股利时：

借：银行存款　72 000
　贷：应收股利　72 000

（3）2016年12月31日公允价值发生变动时：

借：资本公积——其他资本公积　108 000
　贷：可供出售金融资产——公允价值变动　108 000

（4）2017年1月15日出售股票时：

借：银行存款　4 993 000
　　可供出售金融资产——公允价值变动　108 000
　贷：可供出售金融资产——成本　5 008 000
　　　投资收益　93 000
借：投资收益　108 000
　贷：资本公积——其他资本公积　108 000

例3-20：

甲企业2016年1月1日购入乙公司同日发行的两年期债券，该债券面值为100万元，票面利率为4%，实际利率为5%，实际支付价款981 406元，每年付息一次，划分为可供出售金融资产。要求：编制甲公司的相应会计分录。

（1）2016年1月1日购入债券时：

借：可供出售金融资产——成本　1 000 000
　贷：其他货币资金——存出投资款　981 406
　　　可供出售金融资产——利息调整　18 594

（2）2016年12月31日计算利息时：

实际利息收入＝期初摊余成本×实际利率＝981 406×5%＝49 070（元）

应收利息＝债券面值×票面利率＝1 000 000×4%＝40 000（元）

利息调整＝49 070－40 000＝9 070（元）

借：应收利息　40 000
　　可供出售金融资产——利息调整　9 070
　贷：投资收益　49 070

实际收到利息时：

借：银行存款　40 000
　贷：应收利息　40 000

第四章　存货

【本章学习重点】

(1) 存货的初始计量；
(2) 存货购进的实际成本法核算；
(3) 存货购进的计划成本法核算；
(4) 存货发出的核算；
(5) 存货的期末计量。

第一节　存货的确认和初始计量

一、存货的确认

(一) 存货的概念与特征

存货是指企业在日常生产经营过程中持有的以备出售的产成品或商品以及处在生产过程中的在产品、在生产过程或提供过程中耗用的材料、物料等。

存货通常有如下特征：

第一，存货是有形资产。

第二，存货是流动资产。

第三，持有存货的目的是为了在正常生产经营过程中被销售或耗用。

第四，存货可能发生价值的减损。

(二) 存货的确认标准

存货在同时满足以下两个条件时，才能加以确认：一是与该存货有关的经济利益很可能流入企业；二是该存货的成本能够可靠计量。

某个项目要确认为存货，首先要符合存货的定义。在此前提下，应当符合上述存货确认的两个条件。关于存货的确认，尚须说明以下几点。

第一，关于代销商品。代销商品（也称为托销商品）是指一方委托另一方代其销售商品。从商品所有权的转移来分析，代销商品在售出以前，所有权属于委托方，受托方只是代对方销售商品。因此，代销商品应作为委托方的存货处理。但为了使受托方加强对代销商品的核算和管理工作，企业会计制度也要求受托方将其受托代销商品纳入账内核算。

第二，关于在途商品。对于销售合同或协议规定已确认销售（如已收到货款）但尚未发运给购货方的商品，应作为购货方的存货而不应再作为销货方的存货；对于购货方已收到商品但尚未收到销货方结算发票等的商品，购货方应作为其存货处理；对于购货方已经确认为购进（如付款等）但尚未到达入库的在途商品，购货方应将其作为存货处理。

第三，关于购货约定。对于约定未来购入的商品，因为企业并没有实际的购货行为发生，所以不作为企业的存货，也不确认有关的负债和费用。

（三）存货的分类

1. 按经济用途分类

（1）原材料。原材料是指企业在生产过程中经加工改变其形态或性质并构成产品主要实体的各种原料及主要材料、辅助材料、外购半成品（外购件）、修理用备件（备品、备件）、包装材料、燃料等。

（2）在产品。在产品是指企业正在制造但尚未完工的生产物，包括正在各生产工序加工的产品以及已加工完毕但尚未检验或已检验但尚未办理入库手续的产品。

（3）半成品。半成品是指经过一定生产过程并已检验合格交付半成品仓库保管，但还未制造完工成为产成品，仍需进一步加工的中间产品。半成品不包括从一个生产车间转给另一个生产车间继续加工的自制半成品以及不能单独计算成本的自制半成品。

（4）产成品。产成品是指工业企业已经完成全部生产过程并验收入库，可以按照合同规定的条件送交订货单位，或者可以作为商品对外销售的产品。企业接受外来原材料加工制造的代制品和为外单位加工修理的代修品，制造和修理完成验收入库后，应视同企业的产成品。

（5）商品。商品是指商品流通企业的商品，包括外购或委托加工完成验收入库用于销售的各种商品。

（6）包装物。包装物是指生产流通过程中，为包装本企业的产品或商品并随它们一起出售、出借或出租的各种包装容器，如桶、箱、瓶、坛、袋等。包装物的主要作用是盛装、装潢产品或商品。

但是，下列包装物在会计上不作为包装物存货进行核算：一是各种包装用的材料，如纸、绳、铁丝、铁皮等，应作为低值易耗品进行核算；二是企业在生产经营过程中用于储存和保管产品或商品、材料、半成品、零件等，而不随同产品或商品出售、出租或出借的包装物，如企业在经营过程中周转使用的包装容器，应按其价值大小和使用年限长短，分别归入固定资产或低值易耗品进行核算。

（7）低值易耗品。低值易耗品是指不能作为固定资产的各种用具物品，如工具、管理用具、玻璃器皿、劳动保护用品以及在经营过程中周转使用的容器等。低值易耗品的特点是单位价值较低，使用期限相对于固定资产较短，在使用过程中基本保持其原有实物形态不变。

（8）委托代销商品。委托代销商品是指企业委托其他单位代销的商品。

（9）委托加工物资。委托加工物资是指企业委托外单位加工的各种材料、商品等物资。

2. 按存入地点分类

企业的存货分布于供、产、销各个环节，按存放地点可分为在库存货、在途存货、在制存货和发出存货。

3. 按取得来源分类

存货按取得来源可分为外购存货、自制存货、委托加工存货、投资者投入的存货、接受捐赠的存货、盘盈的存货等。

二、存货的初始计量

存货应当按照成本进行初始计量。存货成本包括采购成本、加工成本和其他成本。企业存货的来源不同，其成本构成内容也不同。

（一）外购存货的计价

存货的采购成本一般包括购买价款、相关税费、运输费、装卸费、保险费以及其他可归属于存货采购成本的费用，具体包括买价、运杂费、运输途中的合理损耗、入库前的整理挑选费、购入物资负担的税金和其他费用。

对于商品流通业的外购商品，其采购过程中发生的买价以外的相关进货费用应计入存货采购成本，也可以先行归集，期末根据所购商品的存销情况进行分摊。企业采购商品的进货费用金额较小的，可以在发生时计入当期损益。

【特别提示】

对于一般纳税人来讲，购进货物时没有取得增值税专用发票，而只是取得了增值税普通发票，所支付的增值税计入购进货物的成本中。对于小规模纳税人来讲，购进货物所支付的增值税只能全部计入购进货物的成本中。

（二）自制存货的计价

自制存货的成本主要由采购成本、加工成本以及使存货达到目前场所和状态所发生的其他成本构成。其中，存货的加工成本是指存货加工过程中发生的追加费用，包括直接人工以及按照一定方法分配的制造费用。存货的其他成本是指除采购成本、加工成本以外的，使存货到达目前场所和状态所发生的其他支出，如为特定客户设计产品所发生的设计费用等。

（三）委托加工存货的计价

对于委托加工的存货，以实际耗用的原材料或者半成品及加工费、运输费、装卸费和保险费等费用以及按规定应计入成本的税金作为实际成本。

（四）接受投资存货的计价

对于投资者投入的存货，应当按照投资合同或协议约定的价值确定，但合同或协议约定价值不公允的除外。

（五）接受捐赠的存货的计价

对于接受捐赠的存货，按以下规定确定其实际成本：

第一，捐赠方提供了有关凭据（如发票、报关单、有关协议）的，按凭据上标明的金额加上应支付的相关税费作为实际成本。

第二，捐赠方没有提供有关凭据的，按如下顺序确定其实际成本：

一是同类或类似存货存在活跃市场的，按同类或类似存货的市场价格估计的金额加上应支付的相关税费作为实际成本。

二是同类或类似存货不存在活跃市场的，按该接受捐赠的存货的预计未来现金流量现值作为实际成本。

（六）盘盈存货的计价

对于盘盈的存货，按同类或类似存货的市场价格作为实际成本。

（七）企业提供劳务的计价

对于企业提供劳务的，按所发生的从事劳务提供人员的直接人工和其他直接费用以及可归属的间接费用计入存货成本。

例 4-1：

某增值税一般纳税人企业于 2016 年 12 月 12 日购入乙材料 5 000 千克，收到的增值税专用发票上注明的单价为每千克 1 200 元，增值税为 1 020 000 元，另发生不含增值税的运输费用 60 000 元（取得了增值税专用发票，增值税税率为 11%），装卸费用 20 000 元，途中保险费用 18 000 元。原材料运抵企业后，验收入库原材料为 4 996 千克，运输途中发生合理损耗 4 千克。求该原材料的入账价值。

解析：

该原材料的入账价值 = 5 000×1 200+60 000+20 000+18 000

= 6 098 000（元）

第二节　存货购进的核算

一、存货购进的实际成本法核算

对于存货日常核算，可以按实际成本核算，也可以按计划成本核算。存货按实际成本核算，不论是总分类核算，还是明细分类核算，都按实际成本计价。实际成本法一般适用于规模较小、存货品种简单、采购业务不多的企业。下面以原材料为例，介绍实际成本法核算。

（一）实际成本法下原材料核算的账户设置

原材料按实际成本核算时，应设置“原材料”“在途物资”等账户。

“原材料”账户属于资产类账户，用来核算企业库存的各种原材料实际成本。该账户借方登记收入原材料的实际成本；贷方登记发出原材料的实际成本；期末余额在借方，表示库存原材料的实际成本。

“在途物资”账户用来核算企业已经付款或已开出承兑商业汇票但尚未到达或尚未

验收入库的各种物资的实际成本。该账户借方登记已支付或已开出承兑商业汇票的各种物资的实际成本；贷方登记已验收入库物资的实际成本；期末余额在借方，表示已经付款或已开出承兑商业汇票但尚未到达或尚未验收入库的在途物资的实际成本。

（二）实际成本法下原材料取得的核算

由于结算方式和采购地点的不同，材料入库和货款的支付在时间上往往不一致，因而其账务处理也有所不同。材料入库和货款的支付所在时间的不同，形成以下三种基本情况：材料到达企业验收入库，同时货款已经支付；结算凭证已到，货款已付，材料尚未验收入库；材料已验收入库，货款尚未支付。

1. 材料到达企业验收入库，货款已支付

会计业务处理模板如下：

借：原材料
　　周转材料
　　库存商品
　　应交税费——应交增值税——进项税额
　贷：银行存款
　　　其他货币资金

例 4-2：

某企业经有关税务部门核定为一般纳税人，某日该企业从本地购进 A 材料一批，取得的增值税专用发票上注明的原材料不含税货款计 100 000 元，增值税税额为 17 000 元，发票等结算凭证已经收到，材料已验收入库，货款已通过银行转账支付。要求：编制相应会计分录。

借：原材料	100 000	
应交税费——应交增值税——进项税额	17 000	
贷：银行存款		117 000

2. 结算凭证已到，货款已付，材料尚未验收入库

会计业务处理模板如下：

（1）结算凭证已到，货款已付，材料尚未验收入库：

借：在途物资
　　应交税费——应交增值税——进项税额
　贷：银行存款
　　　其他货币资金

（2）材料验收入库后：

借：原材料
　贷：在途物资

例 4-3：

某企业收到银行转来的托收承付付款通知以及发票，向甲公司购进原材料一批，不含税买价为 200 000 元，增值税为 34 000 元，取得了增值税专用发票，经审核无误，

到期承付，材料尚未验收入库。要求：编制相应会计分录。

借：在途物资　　200 000

　　应交税费——应交增值税——进项税额　　34 000

　贷：银行存款　　234 000

3. 材料已验收入库，货款尚未支付

根据货款未付的几种形式，又分为下面三种情况：

（1）发票账单已到，货款暂欠。

会计业务处理模板如下：

借：原材料

　　周转材料

　　库存商品

　　应交税费——应交增值税——进项税额

　贷：应付账款

例 4-4：

某公司从外地购进甲材料，不含税买价为 630 000 元，增值税为 107 100 元，取得了增值税专用发票，材料已到达企业且验收入库，并收到委托收款、运单等单证。企业无款支付，货款暂欠。要求：编制相应会计分录。

借：原材料　　630 000

　　应交税费——应交增值税——进项税额　　107 100

　贷：应付账款　　737 100

（2）发票账单已到，企业开出商业汇票。

会计业务处理模板如下：

借：原材料

　　库存商品

　　周转材料

　　应交税费——应交增值税——进项税额

　贷：应付票据

例 4-5：

某公司由外地购进甲材料，不含税买价为 200 000 元，增值税为 34 000 元，取得了增值税专用发票，材料已到达企业且验收入库，企业开出一张面值为 234 000 元，期限为 2 个月的商业承兑汇票支付款项。要求：编制相应会计分录。

借：原材料　　200 000

　　应交税费——应交增值税——进项税额　　34 000

　贷：应付票据　　234 000

（3）发票账单未到，企业无法付款。

会计业务处理模板如下：

①月末，发票账单未到，企业无法付款，按材料的暂估价值入账。

借：原材料

周转材料

库存商品

贷：应付账款——暂估应付账款

②下月初用红字编制上述同样的记账凭证予以冲回。

③收到结算凭证。

借：原材料

周转材料

库存商品

应交税费——应交增值税——进项税额

贷：银行存款

其他货币资金

应付票据

应付账款

例 4-6：

某公司 8 月 25 日从外地购进乙材料一批，材料已运达并验收入库，结算凭证尚未到达，款项未付。8 月 31 日结算凭证仍未到，该批材料估价为 11 000 元。9 月 26 日各结算凭证到达，该批材料增值税专用发票上注明价款为 10 000 元，增值税为1 700 元，全部款项通过银行转账支付。要求：编制相应会计分录。

（1）8 月 31 日，材料虽已验收入库，但结算凭证仍未到，款项未付，月末按估价暂估入账。

借：原材料　　11 000

贷：应付账款——暂估应付账款　　11 000

（2）9 月 1 日，将估价入账的材料以红字冲回。

借：原材料　　[11 000]

贷：应付账款——暂估应付账款　　[11 000]

（3）9 月 26 日结算凭证到达，并支付货款。

借：原材料　　10 000

应交税费——应交增值税——进项税额　　1 700

贷：银行存款　　11 700

（三）购料途中发生短缺和毁损

如果是运输途中的合理损耗，应当计入材料采购成本，无需进行业务处理。

如果是供货单位责任事故造成的短缺，应视款项是否已经支付而进行相应的账务处理。如果尚未支付货款，应按短缺的数量和发票金额填写拒付理由书，向银行办理拒付手续。如果货款已经支付，并已记入“在途物资”账户的情况下，在材料运达企业验收入库，发现短缺或毁损时，应根据有关的索赔凭证，编制会计分录。

会计业务处理模板如下：

借：应付账款

贷：在途物资

应交税费——应交增值税——进项税额

如果是运输部门的责任事故造成的短缺或毁损，其会计业务处理模板如下：

借：其他应收款

贷：在途物资

应交税费——应交增值税——进项税额转出

如果是在运输途中发生的非常损失和尚待查明原因的途中损耗，其会计业务处理模板如下：

①查明原因前：

借：待处理财产损溢——待处理流动资产损溢

贷：原材料

应交税费——应交增值税——进项税额转出

②待查明原因经批准后：

借：应付账款

其他应收款

管理费用

营业外支出——非常损失

贷：待处理财产损溢——待处理流动资产损溢

【特别提示】

如果是因自然灾害等非正常原因造成的损失，应将扣除残料价值和过失人、保险公司赔偿后的净损失，借记“营业外支出——非常损失”科目；如果是其他无法收回的损失，经批准后，借记“管理费用”科目。

二、存货购进的计划成本法核算

计划成本法是指企业存货的收入、发出和结余均按预先制定的计划成本计价，实际成本与计划成本之间的差额单独进行核算。存货按计划成本核算，要求存货的总分类核算和明细分类核算均按计划成本计价。单位计划成本一旦确定，在一定时期内应相对固定不变，以收、发、存的数量乘以相应的单位计划成本就可计算出收发成本，核算比较简单、迅速。计划成本法一般适用于存货品种繁多、收发频繁的企业。

（一）计划成本法下原材料核算的账户设置

原材料按计划成本核算时，应设置“原材料”“材料采购”和“材料成本差异”等账户。

“原材料”账户属于资产类账户。在计划成本法下，该账户用来核算企业库存的各种原材料的计划成本。该账户借方登记验收入库材料的计划成本；贷方登记发出原材料的计划成本；期末余额在借方，表示库存原材料的计划成本。

“材料采购”账户核算企业采用计划成本进行材料日常核算时购入材料的采购成本。该账户的借方登记外购材料的实际成本；贷方登记已验收入库的材料的计划成本。

借方大于贷方表示超支，从本账户贷方转入“材料成本差异”账户的借方；借方小于贷方表示节约，从本账户借方转入“材料成本差异”账户的贷方。月末借方余额表示尚未验收入库的在途材料的实际成本。

“材料成本差异”账户是资产类账户，是“原材料”账户的调整账户，用来核算材料实际成本与计划成本的差异。借方登记验收入库材料的实际成本大于计划成本的超支差异以及发出材料应承担的节约差异，贷方登记验收入库材料的实际成本小于计划成本的节约差异以及发出材料应承担的超支差异。期末余额若在借方，表示库存各种材料实际成本大于计划成本的超支差异；期末余额若在贷方，表示库存各种材料实际成本小于计划成本的节约差异。

【特别提示】

在计划成本法下，原材料（周转材料、库存商品）的实际成本=原材料（周转材料、库存商品）的计划成本±材料成本差异

（二）计划成本法下原材料取得的核算

1. 材料到达企业验收入库，货款已支付

会计业务处理模板如下：

借：材料采购（实际成本）
　　应交税费——应交增值税——进项税额
　贷：银行存款
　　　其他货币资金

借：原材料（计划成本）
　　周转材料
　　库存商品
　贷：材料采购（计划成本）

若实际采购成本大于计划成本，则超支，会计业务处理模板如下：

借：材料成本差异
　贷：材料采购

若实际采购成本小于计划成本，则节约，会计业务处理模板如下：

借：材料采购
　贷：材料成本差异

例 4-7：

某企业经有关部门核定为一般纳税人，某日该企业从本地购进 A 材料 1 000 千克，取得的增值税专用发票上注明的原材料货款计 100 000 元，增值税税额为 17 000 元，发票等结算凭证已经收到，材料已验收入库，货款已通过银行转账支付。该材料的计划单价是 98 元。要求：编制相应会计分录。

借：材料采购	100 000	
应交税费——应交增值税——进项税额	17 000	
贷：银行存款		117 000

借：原材料　　98 000
　贷：材料采购　　98 000
借：材料成本差异　　2 000
　贷：材料采购　　2 000

2. 结算凭证已到，货款已付，材料尚未验收入库

会计业务处理模板如下：

（1）结算凭证已到，货款已付，材料尚未验收入库。

借：材料采购
　　应交税费——应交增值税——进项税额
　贷：银行存款
　　　其他货币资金

（2）材料验收入库后

借：原材料（计划成本）
　　周转材料（计划成本）
　　库存商品（计划成本）
　贷：材料采购（计划成本）

若实际成本大于计划成本，则超支，企业会计处理为：

借：材料成本差异
　贷：材料采购

若实际成本小于计划成本，则节约，企业会计处理为：

借：材料采购
　贷：材料成本差异

例 4-8：

某企业收到银行转来的托收承付付款通知以及发票，向甲公司购进原材料 4 000 千克，不含税买价为 200 000 元，增值税专用发票上注明税款为 34 000 元，经审核无误，到期承付，材料尚未验收入库。该材料的计划单价为 52 元。要求：编制相应会计分录。

借：材料采购　　200 000
　　应交税费——应交增值税——进项税额　　34 000
　贷：银行存款　　234 000

3. 材料已验收入库，货款尚未支付

根据货款未付的几种形式，货款未付又分为下面几种情况：

（1）发票账单已到，货款暂欠或开出商业汇票。

会计业务处理模板如下：

借：材料采购
　　应交税费——应交增值税——进项税额
　贷：应付账款
　　　应付票据

借：原材料（计划成本）
　　周转材料（计划成本）
　　库存商品（计划成本）
　贷：材料采购（计划成本）

若实际成本大于计划成本，则超支，企业会计处理为：

借：材料成本差异
　贷：材料采购

若实际成本小于计划成本，则节约，企业会计处理为：

借：材料采购
　贷：材料成本差异

例 4-9：

某公司由外地购进甲材料，不含税买价为 630 000 元，增值税为 107 100 元，取得了增值税专用发票，材料已到达企业且验收入库，并收到委托收款、运单等单证。企业无款支付，货款暂欠。该批材料计划成本为 650 000 元。要求：编制相应会计分录。

借：材料采购	630 000	
应交税费——应交增值税——进项税额	107 100	
贷：应付账款		737 100
借：原材料	650 000	
贷：材料采购		650 000
借：材料采购	20 000	
贷：材料成本差异		20 000

（2）发票账单未到，企业无法付款，会计业务处理模板如下：

①月末，发票账单未到，企业无法付款，按材料的计划成本入账。

借：原材料
　贷：应付账款——暂估应付账款

②下月初用红字编制上述同样的记账凭证予以冲回。

③收到结算凭证。

借：材料采购（实际成本 ）
　　应交税费——应交增值税——进项税额
　贷：银行存款
　　　其他货币资金
　　　应付票据
　　　应付账款

借：原材料（计划成本）
　　周转材料（计划成本）
　　库存商品（计划成本）
　贷：材料采购（计划成本）

若实际成本大于计划成本，则超支，企业会计处理为：

借：材料成本差异

　贷：材料采购

若实际成本小于计划成本，则节约，企业会处理板为：

借：材料采购

　贷：材料成本差异

例 4-10：

某公司 8 月 25 日从外地购进乙材料一批，材料已运达并验收入库，结算凭证尚未到达，款项未付。8 月 31 日结算凭证仍未到，该批材料计划成本为 10 000 元。9 月 26 日各结算凭证到达，该批材料增值税专用发票上注明价款为 10 000 元，增值税为 1 700 元，另支付运杂费 1 000 元，没有取得增值税发票，全部款项已通过银行转账支付。要求：编制相应会计分录。

(1) 8 月 31 日，材料虽已验收入库，但结算凭证仍未到，款项未付，月末按计划成本入账。

借：原材料	10 000	
贷：应付账款——暂估应付账款		10 000

(2) 9 月 1 日，将估价入账的材料以红字冲回。

借：原材料	[10 000]	
贷：应付账款——暂估应付账款		[10 000]

(3) 9 月 26 日，结算凭证到达，支付货款。

借：材料采购	11 000	
应交税费——应交增值税——进项税额	1 700	
贷：银行存款		12 700
借：原材料	10 000	
材料成本差异	1 000	
贷：材料采购		11 000
借：原材料	10 000	
贷：材料采购		10 000
借：材料成本差异	1 000	
贷：材料采购		1 000

(三) 购进过程中发生的合理损耗及其他各种原因造成的短少的会计处理

在原材料、库存商品、周转材料购进过程中，发生的合理损耗，按实际发生的各项支出计入采购货物的实际总成本，按实际入库数量乘以计划单位成本，计算出该批采购货物的计划总成本，实际总成本与计划总成本的差额记入“材料成本差异”账户。

例 4-11：

某公司于 9 月 15 日购进 A 商品一批，购买的数量为 600 个，单位不含税实际成本为 100 元，取得了增值税专用发票，增值税税率为 17%，计划单位成本为 95 元，材料验收入库时只有 590 个，经查，系运输途中的合理损耗。款项已通过银行转账支付。

要求：编制相应会计分录。

借：材料采购 60 000
　　应交税费——应交增值税——进项税额 10 200
　贷：银行存款 70 200
借：库存商品 56 050
　贷：材料采购 56 050
借：材料成本差异 3 950
　贷：材料采购 3 950

在原材料、库存商品、周转材料购进过程中，由于供货单位原因所造成的短少，若供货单位不会再补齐所欠的货物时，按实际验收入库的数量乘以实际单位成本计算出采购货物的实际总成本，按实际入库数量乘以计划单位成本，计算出该批采购货物的计划总成本，实际总成本与计划总成本的差额记入"材料成本差异"账户。若供货单位稍后再补齐所欠的货物时，其会计处理同正常的购进会计处理是一样的，只不过对短少的货物数量先做一个备查登记就行了。

例 4-12：

某公司于 9 月 15 日向甲公司购进 A 商品一批，购买的数量为 600 个，单位不含税实际成本为 100 元，取得了增值税专用发票，增值税税率为 17%，计划单位成本为 95 元，材料验收入库时只有 590 个，经查，系供货单位少发了 10 个。款项已通过银行转账支付。经和供货单位联系，对方没有同样的 A 商品再提供，同意将多收的货款退回，但目前还没有收到。要求：编制相应会计分录。

借：材料采购 60 000
　　应交税费——应交增值税——进项税额 10 200
　贷：银行存款 70 200
借：应收账款——甲公司 1 170
　贷：材料采购 1 000
　　　应交税费——应交增值税——进项税额转出 170
借：库存商品 56 050
　贷：材料采购 56 050
借：材料成本差异 2 950
　贷：材料采购 2 950

在原材料、库存商品、周转材料购进过程中，由于运输单位原因所造成的短少，按实际验收入库的数量乘以实际单位成本，计算出采购货物的实际总成本，按实际入库数量乘以计划单位成本，计算出该批采购货物的计划总成本，实际总成本与计划总成本的差额记入"材料成本差异"账户。应当由运输单位承担的货物短少的成本记入"其他应收款"账户中，然后向运输单位索赔。

例 4-13：

某公司于 9 月 15 日向甲公司购进 A 商品一批，购买的数量为 600 个，单位不含税实际成本为 100 元，取得了增值税专用发票，增值税税率为 17%，计划单位成本为

95 元，材料验收入库时只有 590 个，经查，系运输单位广州顺丰物流公司在运输途中丢失了 10 个。款项已通过银行转账支付。经和运输单位联系，对方同意赔偿该笔款项，但目前还没有收到。要求：编制相应会计分录。

借：材料采购　　60 000
　　应交税费——应交增值税——进项税额　　10 200
　贷：银行存款　　70 200
借：其他应收款——广州顺丰　　1 170
　贷：材料采购　　1 000
　　　应交税费——应交增值税——进项税额转出　　170
借：库存商品　　56 050
　贷：材料采购　　56 050
借：材料成本差异　　2 950
　贷：材料采购　　2 950

第三节　存货发出的核算

日常工作中，企业存货的发出，即库存商品、周转材料、原材料因生产或销售等原因被领用或被销售，可以按实际成本核算，也可以按计划成本核算。如果采用计划成本核算，会计期末应调整为实际成本。

一、实际成本法下，存货发出的核算

企业应当根据各类存货的实物流转方式、企业管理的要求、存货的性质等实际情况，合理确定发出存货成本的计算方法以及当期发出存货的实际成本。对于性质和用途相同的存货，应当采用相同的成本计算方法确定发出存货的成本。在实际成本法核算方式下，企业可以采用的发出存货成本的计价方法有先进先出法、加权平均法、个别计价法等。

（一）先进先出法

先进先出法是指根据先入库先发出的原则，对于发出的存货，以先入库存货的单价进行计价，从而计算发出存货成本的方法。采用先进先出法计算发出存货成本的具体做法是：先按第一批入库存货的单价计算发出存货的成本，领发完毕后，再按第二批入库存货的单价计算，以此类推。若领发的存货属于前后两批入库的，并且单价又不一样，就分别用两个单价计算。在采用先进先出法的情况下，由于期末结存材料金额是根据近期入库存货成本计价的，其价值接近于市场价格，并能随时结转发出存货的实际成本。但每次发出存货要根据先入库的单价计算，工作量较大，一般适用于收发存货次数不多的情况。当物价上涨时，采用先进先出法会高估企业当期利润和库存存货价值；反之，会低估企业当期利润和库存存货价值。

（二）加权平均法

加权平均法包括月末一次加权平均法和移动加权平均法。

1. 月末一次加权平均法

月末一次加权平均法是指在期末计算存货的平均单位成本时，用期初存货数量和本期各批收入的数量作为权数来确定存货的平均单位成本，从而计算出期末存货和已销存货成本的一种计价方法。计算公式如下：

加权平均单位成本=（期初存货成本+本期收入存货成本）÷（期初存货数量+本期收入存货数量）

本期销售或耗用存货成本=本期销售或耗用存货数量×加权平均单位成本

期末结存存货成本=期末结存存货数量×加权平均单位成本

期末结存存货成本=期末结存存货数量×加权平均单位成本

【特别提示】

考虑到计算出的加权平均单位成本不一定是整数，往往是要在小数点之后四舍五入，为了保证账面数字之间的平衡关系，一般采用倒挤成本法计算发出存货的成本，即：

本期销售或耗用存货成本=月初结存存货成本+本期收入存货成本-期末结存存货成本

采用月末一次加权平均法，只需在期末计算一次加权平均单价，比较简单。但平时从账上无法提供存货的收、发、存情况，不利于存货的管理。

2. 移动加权平均法

移动加权平均法是指在每次收到存货以后，以各批收入数量与各批收入前的结存数量为权数，为存货计算出新的加权平均单位成本的一种方法。每次进货后，都要重新计算一次加权平均单位成本。计算公式如下：

移动加权平均单位成本=（结存存货成本+本批进货成本）÷（结存存货数量+本批进货数量）

本批销售或耗用存货成本=本批销售或耗用存货数量×本批存货移动加权平均单位成本

移动加权平均法的优点是便于管理人员及时了解存货的结存情况，并且每当购入新的存货，就要重新计算加权平均单位成本，使得存货的单价比较接近于市场价格。移动加权平均法的缺点是计算量较大。

（三）个别计价法

个别计价法又称为分批计价法，是指认定每一件或每一批的实际单价，计算发出该件或该批存货成本的方法。计算公式如下：

发出存货成本=发出存货数量×该件（批）存货单价

采用个别计价法，对每件或每批购进的存货应分别存放，并分别登记存货明细分类账。对每次领用的存货，应在存货领用单上注明购进的件别或批次，便于按照该件或该批存货的实际单价计算其耗用金额。

个别认定法的成本计算准确，符合实际情况，但在存货收发频繁的情况下，其发出成本分辨的工作量较大。因此，这种方法适用于一般不能替代使用的存货、为特定项目专门购入或制造的存货以及提供的劳务，如珠宝、名画等数量品种较少、单位价值较高的存货。

例 4-14：

2016 年 3 月，甲公司存货的收、发、存如表 4-1 所示：

表 4-1　2016 年 3 月甲公司存货的收、发、存表

2016 年		凭证编号	摘要	收入		发出		结存	
月	日			数量	单价	数量	单价	数量	单价
3	1	略	期初余额					6	5
	5		购入	8	4				
	10		购入	6	3				
	18		发出			17			
	25		购入	20	2				
	28		发出			14			
	31		合计	34		31		9	

（注：此题仅表明计算原理，金额单位与数量单位均省略。）

要求：分别按先进先出法、月末一次加权平均法和移动加权平均法，求出 3 月份发出存货的成本和月末结存存货的成本（如有小数，四舍五入保留两位小数）。

解析：

（1）采用先进先出法。

本月发出存货的成本 $=(6\times5+8\times4+3\times3)+(3\times3+11\times2)=102$

月末结存存货的成本 $=9\times2=18$

（2）采用月末一次加权平均法。

加权平均单位成本 $=(6\times5+8\times4+6\times3+20\times2)\div(6+8+6+20)=3$

本月发出存货的成本 $=(17+14)\times3=93$

月末结存存货的成本 $=9\times3=27$

（3）采用移动加权平均法。

① 3 月 5 日：

加权平均单位成本 $=(6\times5+8\times4)\div(6+8)=62\div14=4.43$

结存存货的成本 $=(6+8)\times4.43=62.02$

② 3 月 10 日：

加权平均单位成本 $=(62.02+6\times3)\div(14+6)=80.02\div20=4$

结存存货的成本 $=(6+8+6)\times4=80$

③ 3 月 18 日：

发出存货的成本 $=17\times4=68$

结存存货的成本 $=80-68=12$

④ 3月25日：

加权平均单位成本 $=(12+20\times2)\div(3+20)=52\div23=2.26$

结存存货的成本 $=(3+20)\times2.26=52$

⑤ 3月28日：

发出存货的成本 $=14\times2.26=31.64$

结存存货的成本 $=52-31.64=20.36$

⑥ 本月发出存货的总成本 $=68+31.64=99.64$

月末结存存货的成本 $=6\times5+(8\times4+6\times3+20\times2)-99.64=20.36$

原材料、周转材料、库存商品等存货发出时，采用不同的计价方法，对于主营业务成本、其他业务成本或生产成本等金额的影响显然是不同的，最终会影响到企业的利润、应缴纳的企业所得税及结存存货的期末成本。因此，存货发出的计价方法一旦确定，除非会计准则发生变更或一些客观现实情况发生改变等原因，不得随意变更存货的计价方法。

（四）原材料发出的核算

根据“领料单”或“限额领料单”“领料登记簿”或“发出材料汇兑表”登记发出材料的记账凭证，进而登记原材料明细账。企业发出的材料，根据不同的用途，分别计入相应会计科目。会计业务处理模板如下：

借：生产成本

　　管理费用

　　制造费用

　　销售费用

　　其他业务成本

　贷：原材料

例4-15：

甲企业本月发出材料共计78 000元，其中用于制造产品61 000元，车间领用10 000元，管理部门领用7 000元。要求：编制相应会计分录。

借：生产成本	61 000	
制造费用	10 000	
管理费用	7 000	
贷：原材料		78 000

二、计划成本法下原材料发出的核算

在计划成本法下，企业发出材料时，一律采用计划成本计价，根据不同的用途，借记“生产成本”“制造费用”“管理费用”等科目，贷记“原材料”科目。期末再将发出材料计划成本调整为实际成本，调整公式如下：

实际成本 = 计划成本 ± 材料成本差异

在期末，根据“原材料”和“材料成本差异”科目的记录，计算出材料成本差异分配率和本期发出材料应承担的材料成本差异。发出材料应负担的成本差异应当按期（月）分摊，不得在季末或年末一次计算。有关计算公式如下：

材料成本差异分配率=（期初结存材料成本差异+本期收入材料成本差异）÷（期初结存材料计划成本+本期收入材料计划成本）×100%

上式中，材料成本差异如果是节约差异，用负号表示。

发出材料应负担的材料成本差异=本期发出材料计划成本×材料成本差异率

例 4-16：

甲企业采用计划成本法，2016 年 6 月份 A 材料收、发、存情况如下：

（1）原材料期初余额为 5 800 元，“材料成本差异”账户期初贷方余额为 212 元，原材料计划单位成本为 5.20 元。

（2）6 月 5 日和 6 月 19 日购入材料的数量分别为 1 500 千克和 2 000 千克，实际购货成本分别为 7 600 元和 10 332 元。

（3）本月发出材料 1 600 千克用于生产产品。

要求：进行发出材料及结转材料成本差异的会计处理。

（1）发出材料时：

借：生产成本　　8 320

　贷：原材料——A 材料　　8 320

（2）材料成本差异分配率=（−212+7 600−1 500×5.20+10 332−2 000×5.20）÷（5 800+1 500×5.20+2 000×5.20）=（−480）÷24 000=−2%

本月耗用材料应承担的材料成本差异=（−2%）×8 320=−166.40（元）

借：材料成本差异　　166.40

　贷：生产成本　　166.40

第四节　存货的期末计量

一、存货清查

（一）存货清查概述

存货的品种、规格繁多。在收、发、存过程中，由于种种原因，如计量或计算上的差错，自然损耗，丢失、被盗或毁损等现象，往往造成账实不符。因此，必须建立和健全各种规章制度，对存货进行清查盘点，如实反映企业存货的实有数额，保证存货核算的真实性，监督存货的安全完整。

存货清查的内容一般包括核对存货的账存数和实存数；查明盘盈、盘亏存货的品种、规格和数量；查明变质、毁损、积压呆滞存货的品种、规格和数量。

企业在年终编制会计报表以前，必须进行一次全面清查，以确保年度决算报告的真实性。年度内应进行定期或不定期清查、全面或局部清查。年终清查应由有关的领导干部、会计人员和供应保管部门的有关职工组成清查小组负责进行；平时清查则可由会计人员会同仓库管理人员进行。

（二）存货清查核算

企业会计制度规定，经股东大会或董事会或经理（厂长）会议或类似机构批准后，对盘盈、盘亏和毁损的存货，应在期末结账前处理完毕。如在期末结账前未经批准的，应在对外提供财务报告时先进行处理，并在会计报表附注中作出说明，如果其后批准处理的金额与已处理的金额不一致，应按其差额调整会计报表相关项目的年初数。

为反映存货清查盘盈、盘亏的发生和财产盘盈、盘亏的发生和账务处理，应设置“待处理财产损溢”科目。该科目核算企业在清查财产过程中查明的各种财产盘盈、盘亏和毁损的价值。该科目贷方登记材料、产品等的盘盈数（不包括固定资产）以及批准处理各项资产的盘亏、毁损的价值；借方登记材料、产品等的盘亏、毁损数以及批准处理各项资产的盘盈数（不包括固定资产）。企业的财产损溢应查明原因，在期末结账前处理完毕，处理后本科目应无余额。

1. 存货盘盈的核算

对存货盘盈的金额一般进行冲减管理费用处理。

2. 存货盘亏的核算

对盘亏、毁损等的损失要分别按不同性质的原因进行处理。由于自然损耗造成的定额以内的短缺，应在相关成本费用中核销；由于各种原因造成的超定额损耗，应该明确责任后，由有关单位或个人赔偿，实在无法确定责任单位或个人的扣除残料价值，在管理费用中核销；由于自然灾害等不可抗拒原因发生的严重损失，应在扣除保险公司赔偿后扣除处置收入、过失人赔偿，在营业外支出中列支。

会计业务处理模板如下：

（1）企业发生存货盘亏时：

借：待处理财产损溢——待处理流动资产损溢

　贷：原材料

　　　周转材料

　　　库存商品

　　　应交税费——应交增值税——进项税额转出

（2）企业发生存货盘盈时：

借：原材料

　　周转材料

　　库存商品

　贷：待处理财产损溢——待处理流动资产损溢

（3）经批准，对于盘亏的存货进行处理时：

借：管理费用

　　其他应收款

营业外支出

贷：待处理财产损溢——待处理流动资产损溢

（4）经批准，对于盘盈的存货进行处理时：

借：待处理财产损溢——待处理流动资产损溢

贷：管理费用

例 4-17：

企业在财产清查盘点中发现库存商品盘亏 1 000 元，购进时取得了增值税专用发票，该商品的进项税额为 170 元。经查明，该项盘亏的存货由于管理不善造成的。要求：编制相应会计分录。

（1）批准前：

借：待处理财产损溢——待处理流动资产损溢	1 170	
贷：库存商品		1 000
应交税费——应交增值税——进项税额转出		170

（2）批准后：

借：营业外支出	1 170	
贷：待处理财产损溢——待处理流动资产损溢		1 170

【特别提示】

如果企业存货是采用计划成本核算的，还应当同时结转应负担的成本差异。

从 2009 年 1 月 1 日开始，非正常损失是指因管理不善造成被盗、丢失、霉烂变质的损失。“自然灾害损失”已不属于增值税法规规定进项税额不得从销项税额中抵扣的“非正常损失”的范围。因此，自然灾害造成损失不作进项税额转出处理。

例 4-18：

如果例 4-17 中的盘亏不是自然灾害造成的，经查明并审批后的处理意见是由保管员赔偿 10%，其余计入本期损益。要求：编制相应会计分录。

（1）批准前：

借：待处理财产损溢——待处理流动资产损溢	1 170	
贷：库存商品		1 000
应交税费——应交增值税——进项税额转出		170

（2）批准后：

借：其他应收款	117	
管理费用	1 053	
贷：待处理财产损溢——待处理流动资产损溢		1 170

例 4-19：

甲企业在财产清查中盘盈库存商品 300 元，经批准，期末冲减管理费用。要求：请编制相应会计分录。

（1）批准前：

借：库存商品	300	
贷：待处理财产损溢——待处理流动资产损溢		300

(2) 批准后：

借：待处理财产损溢——待处理流动资产损溢　　300

　贷：管理费用　　300

二、存货期末计价原则

在资产负债表日，存货应当按照成本与可变现净值孰低法计量。

当存货成本低于可变现值时，存货按成本计量；当存货成本高于可变现净值时，存货按可变现净值计量，同时按照成本高于可变现净值的差额计提存货跌价准备，计入当期损益。

这里讲的“成本”是指存货的历史成本，即按前面所介绍的以历史成本为基础的发出存货计价方法（如先进先出法等）计算的期末存货的实际成本，如果企业在存货成本的日常核算中采用简化核算方法（如计划成本法或售价金额核算法等），则“成本”为经调整后的实际成本。“可变现净值”是指在正常生产经营过程中，以存货的估计售价减去至完工时估计将要发生的成本、估计的销售费用以及相关税费后的余额。对于企业的各类存货，在确定其可变现净值时，应当以当期取得的最可靠的证据为基础预计，同时应考虑持有存货的目的。

在资产负债表日，当存在下列情况之一时，应当计提存货跌价准备：

第一，市价持续下跌，并且在可预见的未来无回升的希望。

第二，企业使用该项原材料生产的产品的成本大于产品的销售价格。

第三，企业因产品更新换代，原有库存原材料已经不适应新产品的需要，而该原材料的市场价格又低于其账面价值。

第四，因企业所提供的商品或劳务过时或消费者偏好改变而使市场的需求发生变化，导致市场价格逐渐下跌。

第五，其他足以证明该项存货实质上已经发生减值的情形。

三、存货可变现净值确定

（一）为执行销售合同或者劳务合同而持有的存货，通常以产成品或商品的合同价格作为其可变现净值的确定基础

例 4-20：

A 公司与 B 公司签订了一份销售合同，B 公司向 A 公司购进某种设备 20 台，每台设备的合同价格为 5 万元，A 公司该种设备的账面价值为 4.5 万元。预计每台设备的销售费用为 0.1 万元。请问每台设备的可变现净值为多少？

在此种情况下，每台设备的可变现净值为 5-0.1=4.9 万元。

（二）当企业持有存货的数量多于销售合同订购数量，超出部分的存货可变现净值应当以产成品或商品的销售价格为基础计量

例 4-21：

A 公司与 B 公司签订了一份销售合同，B 公司向 A 公司购进某种设备 20 台，每台

设备的合同价格为5万元，A公司该种设备的账面价值为4.5万元。A公司仓库中有此种设备30台。此种设备市场销售价格为4.8万元。预计每台设备的销售费用为0.1万元。请问每台设备的可变现净值为多少？

在此种情况下，由于20台设备订有销售合同，因此20台设备的每台设备的可变净值为5-0.1=4.9万元；另外10台设备没有销售合同，因此每台设备的可变现净值为4.8-0.1=4.7万元。

（三）没有销售合同或劳务合同约定的存货，其可变可现净值应当以产成品或商品一般销售价格或原材料的市场价格作为计量基础

例4-22：

A公司拥有某种库存商品，单位成本为每千克10 000元，市场售价为9 800元，每千克销售费用及非增值税的税金为300元。请问每千克商品的可变现净值为多少？

在此情况下，可变现净值为9 800-300=9 500元。

（四）对于材料存货应当区分两种情况来确定其期末价值

（1）为生产而拥有的材料，如果用其生产的产成品的可变现净值预计高于成本，则该材料仍然按成本计量。

例4-23：

A公司有一批原材料，其成本为10万元，市场价值为9.5万元，用该批原材料生产的产品成本为15万元，其市场价格为20万元，预计每件产品的销售费用为0.5万元。请问每批原材料的可变现净值为多少？

在此情况下，由于产成品的可变现净值为20-0.5=19.5万元，高于其生产成本15万元，虽然材料市场价值低于其成本，但材料的计价基础仍然为10万元。

（2）如果原材料价格的下降等原因表明产成品的可变现净值低于成本，则该材料应当按可变现净值计量。

例4-24：

A公司有一批原材料，其成本为10万元，市场价值为9.5万元，用该批原材料生产的产品成本为15万元，其市场价格为14万元，预计每件产品的销售费用为0.5万元。请问该批原材料的可变现净值为多少？

每件产成品的可变现净值为14-0.5=13.5万元，低于其生产成本15万元。此时，材料的市场价值低于其购进成本，由于产成品的可变现净值低于其生产成本，所以材料的计价基础为其可变现净值。

四、计提存货跌价准备的核算

（一）计提存货跌价准备的方法

如果期末存货的成本低于可变现净值时，不必进行会计处理，资产负债表中的存货仍按期末账面的价值列示；如果期末可变现净值低于成本时，则必须确认当期的期末存货跌价损失，计提存货跌价准备。具体计提方法如下：

1. 按照单个存货项目计提存货跌价准备

企业将每个存货项目的成本与其可变现净值逐一进行比较，按较低者计量存货，并且按成本高于可变现净值的差额，计提存货跌价准备。

2. 按照存货类别计提存货跌价准备

对于数量繁多、单位价值较低的存货，按照存货类别的成本总额与可变现净值的总额进行比较，每个存货类别均取较低者确定存货期末价值。

（二）存货跌价准备的会计处理

为核算企业的存货跌价准备，企业应设置“存货跌价准备”科目。该科目借方登记冲减恢复的减值准备、发出存货应转出的减值准备，贷方登记计提的减值准备。余额在贷方，反映企业已计提但尚未转销的存货跌价准备。

在资产负债表日，首先比较成本与可变现净值，算出应计提的跌价准备，然后与“存货跌价准备”科目的余额进行比较，如果应提数大于已提数，应予以补提；反之，应冲销部分已提数。但如果已计提跌价准备的存货，其价值以后得以恢复，其转回已计提的存货跌价准备应以原计提的金额为限。

会计业务处理模板如下：

（1）当初次提取或补提存货跌价准备时：

借：资产减值损失

　贷：存货跌价准备

（2）冲回或转销存货跌价准备时：

借：存货跌价准备

　贷：资产减值损失

例 4-25：

假设某企业 2014 年年末存货的账面成本为 110 000 元，预计可变现净值为 105 000 元。2015 年年末该存货成本不变，预计可变现净值为 95 000 元。2016 年该存货成本不变，可变现净值有所恢复，预计可变现净值 103 000 元。要求：进行相应账务处理。

（1）2014 年年末因存货的预计可变现净值低于其成本，因此按其差额计提存货跌价准备 5 000（110 000-105 000）元，编制如下会计分录：

借：资产减值损失	5 000	
贷：存货跌价准备		5 000

（2）2015 年年末该存货的预计可变现净值为 95 000 元，应补提存货跌价准备 10 000（110 000-95 000-5 000）元，编制如下会计分录：

借：资产减值损失	10 000	
贷：存货跌价准备		10 000

（3）2016 年年末该存货的可变现净值有所恢复，预计可变现净值为 103 000 元，则应冲减存货跌价准备 8 000（110 000-103 000-15 000）元，编制如下会计分录：

借：存货跌价准备	8 000	
贷：资产减值损失		8 000

但是 2016 年如果该存货预计可变现净值不是恢复到 103 000 元，而是恢复到 135 000 元，则应冲减计提的存货跌价准备为 15 000 元，以“存货跌价准备”科目余额冲减至零为限，编制如下会计分录：

借：存货跌价准备　　15 000

　贷：资产减值损失　　15 000

五、周转材料发出的会计核算

周转材料发出的会计核算主要包括包装物的会计核算和低值易耗品的会计核算。周转转料的价值摊销方法有一次摊销法和五五摊销法两种。

一次摊销法是在领用包装物时，将其价值一次性计入相关的成本、费用的方法。这种方法适用于价值较小的包装物。

五五摊销法是在包装物时，将其价值的 50% 计入相关的成本、费用，当该领用的包装物报废时再摊销其剩余价值的 50%。这种方法适用于价值较大的包装物。

在采用五五摊销法时，一般情况下，要分设“周转材料——包装物——库存包装物”“周转材料——包装物——在用包装物”“周转材料——包装物——包装物摊销”三个会计科目，以满足会计核算的需要。

（一）包装物的会计核算

包装物是为了包装本企业的商品而储备的各种容器，主要包括罐、箱、桶、瓶、坛、袋等。

1. 出租或出借包装物的会计核算

对于出租包装物所收取的租金记入“其他业务收入”账户，同时对于出租包装物所应承担的包装物价值摊销金额记入“其他业务成本”账户。

对于出借包装物是不会向对方收取任何费用的，是一种无偿服务，对于出借包装物价值的摊销金额应当记入“销售费用”账户。

对于出租或出借的包装物会收取一定金额的押金，先记入“其他应付款”账户，逾期未能归还的包装物，按规定没收对方所交付的押金，记入“其他业务收入”账户。需要强调的是，要将没收的押金额换算为不含增值税的金额才能记入“其他业务收入”账户中。

例 4-26：

某公司于 10 月 5 日将某包装物出租给甲公司，该包装物入账金额为 400 元，收取押金 100 元（现金），合同中约定，该包装物租期为 6 个月，分两次支付租金，共收取租金 800 元，第一次的租金 400 元（现金）已收到。次年 3 月份收到另外一次租金 400 元（现金）。采用五五摊销法。收取的押金以现金方式已经退回。要求：进行相应账务处理。

收取租金：

借：库存现金　　100

　贷：其他应付款——甲公司　　100

取得第一次租金收入：

借：库存现金 400

贷：其他业务收入 400

包装物出库：

借：周转材料——包装物——在用包装物 400

贷：周转材料——包装物——库存包装物 400

第一次分摊包装物成本：

借：其他业务成本 200

贷：周转材料——包装物——包装物摊销 200

取得第二次租金入：

借：库存现金 400

贷：其他业务收入 400

第二次分摊包装物成本：

借：其他业务成本 200

贷：周转材料——包装物——包装物摊销 200

将已经摊销的金额予以冲销：

借：周转材料——包装物——包装物摊销 400

贷：周转材料——包装物——在用包装物 400

退回押金：

借：其他应付款——甲公司 100

贷：库存现金 100

例 4-27：

某公司于 10 月 5 日将某包装物出借给甲公司，该包装物入账金额为 400 元，收取押金 100 元（现金）。合同中约定，该包装物出借期为 6 个月。采用五五摊销法。到期甲公司没有如期将包装物退回，将已经收取的 100 元押金予以没收，增值税税率为 17%。要求：进行相应账务处理。

收到押金：

借：库存现金 100

贷：其他应付款——甲公司 100

包装物出库：

借：周转材料——包装物——在用包装物 400

贷：周转材料——包装物——库存包装物 400

第一次分摊包装物成本：

借：销售费用 200

贷：周转材料——包装物——包装物摊销 200

第二次分摊包装物成本：

借：销售费用 200

贷：周转材料——包装物——包装物摊销 200

没收押金：

借：其他应付款——甲公司　100

　贷：其他业务收入　85.47

　　　应交税费——应交增值税——销项税额　14.53

2. 生产领用的包装物的会计核算

企业由于生产的需要而领用的包装物，构成产品的实体的，应将包装物的实际成本记入产品的“生产成本”账户中。会计业务处理模板如下：

借：生产成本

　贷：周转材料——包装物

例 4-28：

某公司于10月6日由于生产需要，将一批已经购入的包装物领用，用于包装本企业生产的成品，该批包装物的入账成本为1 200元。要求：编制相应会计分录。

借：生产成本　1 200

　贷：周转材料——包装物　1 200

3. 随同产品出售而不单独计价的包装物的会计核算

随同产品出售而不单独计价的包装物，在包装物被领用后，按照其入账成本记入“销售费用”账户中。会计业务处理模板如下：

借：销售费用

　贷：周转材料——包装物

例 4-29：

某公司于10月6日由于销售产品的需要，将一批已经购入的包装物领用，用于包装本公司销售的某产品，不会向顾客收取任何包装费用，该批包装物的入账成本为1 000元。要求：编制相应会计分录。

借：销售费用　1 000

　贷：周转材料——包装物　1 000

4. 随同产品出售而单独计价的包装物的会计核算

随同产品出售而单独计价的包装物，对于取得的收入要记入“其他业务收入”账户中，对于包装物的成本要记入“其他业务成本”账户中。会计业务处理模板如下：

取得收入时：

借：库存现金

　　银行存款

　　应收账款

　　应收票据

　贷：其他业务收入

　　　应交税费——应交增值税——销项税额

将包装物成本记入“其他业务成本”账户中：

借：其他业务成本

　贷：周转材料——包装物

例 4-30：

某公司于10月6日由于销售产品的需要，将一批已经购入的包装物领用，用于包装本公司销售的某产品，但会向顾客收取该包装物费用，以现金方式收取1 404元（含税）该包装物费用，增值税税率为17%。该批包装物的入账成本为1 000元。要求：编制相应会计分录。

取得收入时：

借：库存现金　　　　　　　　　　　　　　　　　　　　　　1 404

　贷：其他业务收入　　　　　　　　　　　　　　　　　　　　1 200

　　　应交税费——应交增值税——销项税额　　　　　　　　　204

将包装物成本记入“其他业务成本”账户中

借：其他业务成本　　　　　　　　　　　　　　　　　　　　1 000

　贷：周转材料——包装物　　　　　　　　　　　　　　　　　1 000

（二）低值易耗品的会计核算

低值易耗品是指劳动资料中单位价值较小，或者使用年限在一年以内，不能作为固定资产进行核算的劳动资料。低值易耗品主要是指各种工具器具（如扳手、电笔等）、玻璃器皿、办公用品等。

低值易耗品跟固定资产有相似的地方，在生产过程中可以多次使用不改变其实物形态，在使用时也需维修，报废时可能也有残值。

由于低值易耗品价值低、使用期限短，因此采用简便的方法，根据“谁领用、谁受益”的原则，销售部门领用的低值易耗品记入“销售费用”账户中；公司管理部门领用的低值易耗品记入“管理费用”账户中；生产车间领用的低值易耗品记入“制造费用”账户中。

对于领用的低值易耗品，若金额较小，可以采一次摊销法；若金额较大，可以采用五五摊销法，即在领用时摊销其价值的50%，在低值易耗品报废时再摊销其价值的50%。在此情况下，应当分别设置“周转材料——低值易耗品——库存低值易耗品”“周转材料——低值易耗品——在用低值易耗品”“周转材料——低值易耗品——低值易耗品摊销”三个会计科目。

一次摊销法的会计业务处理模板如下：

借：管理费用

　　销售费用

　　制造费用

　贷：周转材料——低值易耗品

例 4-31：

某公司于11月6日购进一批办公品，同时分发给公司有关部门，经统计，公司管理部门应承担320元，生产车间应承担160元，销售部门应承担80元。要求：编制相应会计分录。

借：管理费用 320

销售费用 80

制造费用 160

贷：周转材料——低值易耗品 560

五五摊销法的会计业务处理模板如下：

领用出库时：

借：周转材料——低值易耗品——在用低值易耗品

贷：周转材料——低值易耗品——库存低值易耗品

摊销时：

借：管理费用

销售费用

制造费用

贷：周转材料——低值易耗品——低值易耗品摊销

将已经摊销的金额予以冲销：

借：周转材料——低值易耗品——低值易耗品摊销

贷：周转材料——低值易耗品——在用低值易耗品

例 4-32：

某公司于 12 月 5 日将一批低值易耗品领用，金额共计 24 000 元，经统计，公司管理部门领用了 4 000 元，生产车间领用了 20 000 元。采用五五摊销法。要求：编制相应会计分录。

领用出库时：

借：周转材料——低值易耗品——在用低值易耗品 24 000

贷：周转材料——低值易耗品——库存低值易耗品 24 000

第一次摊销时：

借：管理费用 2 000

制造费用 10 000

贷：周转材料——低值易耗品——低值易耗品摊销 12 000

第二次摊销时：

借：管理费用 2 000

制造费用 10 000

贷：周转材料——低值易耗品——低值易耗品摊销 12 000

将已经摊销的金额予以冲销：

借：周转材料——低值易耗品——低值易耗品摊销 24 000

贷：周转材料——低值易耗品——在用低值易耗品 24 000

第五章　长期股权投资

【本章学习重点】

（1）长期股权投资的初始计量；

（2）长期股权投资的后续计量；

（3）长期股权投资核算方法的转换；

（4）长期股权投资的处置。

第一节　长期股权投资概述

一、长期股权投资的概念及特点

长期股权投资是指企业的管理当局准备长期持有的股权投资（即权益性投资）。股权投资是指为获取另一企业的所有权而进行的投资，主要是通过购买股票或签订投资合同的形式来完成。

进行股权投资的投资方最终按投资额占被投方资本总额的比例享有经营管理权、收益权和亏损分担责任。因此，长期股权投资具有投资时限长、投资风险大、投资目的复杂的特点。

二、长期股权投资的取得方式

长期股权投资的取得方式多种多样，具体有如下几种：

（一）通过企业合并取得长期股权投资

在企业合并中，合并方以支付现金、转让非现金资产、承担债务或发行权益性证券等方式取得被合并方的控股权形成长期股权投资。

企业合并是指将两个或两个以上单独的企业合并形成一个报告主体的交易或事项。

1. 以合并方式为基础的企业合并分类

从本质上看，企业合并是一个企业取得对另外一个企业的控制权，吸收另外一个或多个企业的净资产以及将参与合并的企业相关资产、负债进行整合后成立新的企业等情况。因此，以合并方式为基础，企业合并分为控股合并、吸收合并及新设合并。

（1）控股合并是指合并方通过企业合并交易或事项取得对被合并方的控制权，能够主导被合并企业的生产经营政策，从而将被合并方纳入其合并财务报表范围形成一个报告主体的情况。在控股合并中，被合并方在企业合并后仍保持其独立的法人资格，合并方在合并中取得的是对被合并方的股权，合并方在其账簿中及个别财务报表中应确认对被合并方的长期股权投资，合并中取得的被合并方的资产和负债仅在合并财务报表中确认。

（2）吸收合并是指合并方在企业合并中取得被合并方的全部净资产，并将有关资产、负债并入合并方自身的账簿和报表进行核算。合并后，注销被合并方的法人资格，由合并方持有合并方中取得的被合并方的资产、负债在新的基础上继续经营。

（3）新设合并是指企业合并中注册成立一家新的企业，由其持有原参与合并各方的资产、负债在新的基础上经营，原参与合并各方均注销其法人资格。

2. 以是否在同一控制下进行合并为基础的企业合并分类

以是否在同一控制下进行合并为基础，企业合并可以分为同一控制下的企业合并和非同一控制下的企业合并。

（1）同一控制下合并。参与合并的企业在合并前后均受同一方或相同的多方最终控制且该控制并非暂时性的，为同一控制下的企业合并。同一控制下的企业合并在合并日取得对其他参与合并企业控制权的一方为合并方，参与合并的其他企业为被合并方。合并日是指合并方实际取得对被合并方控制权的日期。

同一控制下的企业合并包括但不仅限于以下几种情况：一是母公司将持有的对子公司的股权用于交换非全资子公司增加发生的股份；二是母公司将其持有的对某一子公司的控股权出售给另一子公司。

（2）非同一控制下合并。参与合并的各方在合并前后不受同一方或相同的多方最终控制，为非同一控制下合并。非同一控制下的企业合并在其购买日取得其他参与合并企业控制权的一方为购买方，参与合并的其他企业为被购买方。购买日是指购买方实际取得被购买方控制权的日期。

（二）以支付现金方式取得长期股权投资

这是指以支付货币获得被投资方的股票或股权形成的长期股权投资。

（三）以发行权益性证券取得长期股权投资

这是指以本公司的股票或股权换取投资者自己的股票或股权形成的长期股权投资。

（四）投资者投入长期股权投资

这是指投资者将其持有的对第三方的股权投资作为出资投入另一企业形成的长期股权投资。

（五）通过非货币性资产交换取得长期股权投资

这是指以非货币性资产换取其他公司的股票或股权形成的长期股权投资。

（六）通过债务重组取得长期股权投资

这是指在债务重组中，将债务转为股权或以股权投资偿债形成的长期股权投资。

三、长期股权投资的内容

长期股权投资包括以下几方面：

第一，投资企业能够对被投资单位实施控制的权益性投资，即对子公司的投资。

第二，投资企业与其他合营方一同对被投资单位实施共同控制且对被投资方享有权利的权益性投资，即对合营企业的投资。

第三，投资企业对被投资单位具有重大影响的权益性投资，即对联营企业的投资。

（一）控制

控制是指有权决定一个企业的财务和经营政策，并能据以从该企业的经营活动中获取利益。控制一般存在于以下情况：

（1）投资企业直接拥有被投资单位50%以上的表决权资本的。

（2）投资企业虽然直接拥有被投资单位50%或以下的表决权，但具有实质控制权的。

投资企业对被投资单位是否具有实质控制权，可以通过以下一种或几种情形来判定：

（1）通过与其他投资者的协议，投资企业拥有被投资单位50%以上表决权资本的控制权。例如，A公司拥有B公司40%的表决权资本，C公司拥有B公司30%的表决权资本，D公司拥有B公司30%的表决权资本。A公司与C公司达成协议，C公司在B公司的权益由A公司代表。在这种情况下，A公司实质上拥有B公司70%表决权资本的控制权，则表明A公司实质上控制B公司。

（2）根据章程或协议，投资企业有权控制被投资单位的财务和经营政策。例如，A公司拥有B公司45%的表决权资本，同时根据协议，B公司的生产经营决策由A公司控制，则表明A公司实质上控制B公司。

（3）有权任免被投资单位董事会或类似权力机构的多数成员。这种情况是指虽然投资企业拥有被投资单位50%或以下表决权资本，根据章程、协议等有权任免董事会的董事，以达到实质上控制的目的。

（4）在被投资单位的董事会或类似权力机构会议上拥有半数以上投票权。这种情况是指虽然投资企业拥有被投资单位50%或以下表决权资本，但能够控制被投资单位董事会或类似权力机构的会议，从而能够控制其财务和经营决策，使其达到实质上的控制。

投资企业能够对被投资单位实施控制的，被投资单位为其子公司，投资企业应当将子公司纳入合并财务报表的合并范围。投资企业对子公司的长期股权投资，应当采用成本法进行会计核算。

（二）共同控制

共同控制是指按照合同约定对某项经济活动所共有的控制，仅在与该项经济活动相关的重要财务和经营决策需要分享控制权的投资方一致同意时存在，任何一方都不能独自控制。投资企业与其他方对被投资企业实施共同控制的，被投资单位为其合营企业。

（三）重大影响

重大影响是指一个企业的财务和经营政策有参与决策的权利，但并不能够控制或者与其他方一起共同控制这些政策的制定。投资企业能够对被投资单位施加重大影响的，被投资单位为其联营企业。当投资企业直接拥有被投资单位20%~50%的表决权资本时，一般认为对被投资单位具有重大影响，除非有明确的证据表明该种情况下不能参与被投资单位的生产经营决策，不形成重大影响。

投资企业拥有被投资单位表决权资本的比例低于20%的，一般认为对被投资单位不具有重大影响，但符合下列情况之一的，也应该认为对被投资单位具有重大影响：

（1）在被投资单位的董事会或类似的权力机构中派有代表。在这种情况下，由于在被投资单位的董事会或类似的权力机构中派有代表，并享有相应的实质性的决策权，投资企业可以通过代表参与被投资单位政策的制定，从而对被投资单位施加重大影响。

（2）参与被投资单位的政策制定过程。在这种情况下，由于可以参与被投资单位的政策制定过程，投资企业在制定政策过程中可以为其自身利益而提出建议或意见，从而可以对被投资单位施加重大影响。

（3）向被投资单位派出管理人员。在这种情况下，由于投资企业向被投资单位派出管理人员，管理人员有权力并负责被投资单位的财务和经营活动，从而能对被投资单位施加重大影响。

（4）向被投资企业提供关键技术或技术资料。在这种情况下，由于被投资单位的生产经营需要依赖投资企业的技术或技术资料，从而表明投资企业对被投资单位具有重大影响。

（5）其他能足以证明投资企业对被投资单位具有重大影响的情形。

例5-1：

A公司直接拥有B公司42%的股权，同时受托行使其他股东所持有B公司15%的表决权。B公司董事会由11名董事组成，其中A公司派出6名。B公司章程规定，其财务和经营决策经董事会三分之二以上成员通过即可实施。请问：A公司能否对B公司实施控制？

解析：因为A公司在B公司董事会成员的比例没有达到三分之二，所以A公司不能对B公司实施控制。

第二节　长期股权投资的初始计量

一、企业合并以外其他方式取得的长期股权投资

以支付现金取得的长期股权投资，应当按照实际支付的购买价作为初始投资成本，包括购买过程中支付的手续费等必要支出，但所支付价款中包含的被投资单位已宣告但尚未发放的现金股利或利润应记入“应收股利”账户中，不构成取得长期股权投资

的成本。

会计业务处理模板如下：

借：长期股权投资

　　应收股利

　贷：银行存款

例 5-2：

A 公司于 2016 年 12 月 2 日购买了 B 公司 30% 的股份，实际支付价款 850 万元，另外向有关证券机构支付了手续费 100 万元，款项已经全部支付。请编制相应会计分录。

借：长期股权投资　　　　9 500 000

　贷：银行存款　　　　9 500 000

以发行权益性证券方式取得的长期股权投资，其成本为所发行权益性证券的公允价值，但不包括应由被投资单位收取的已宣告但尚未发放的现金股利或利润。

为发行权益性证券支付给有关证券机构的手续费、佣金等与权益性证券发行直接相关的费用，不计入长期股权投资的成本中。该部分费用应当从溢价发行收入中扣除，若溢价发行收入不足以冲减的，应冲减盈余公积和未分配利润。

会计业务处理模板如下：

借：长期股权投资

　　盈余公积

　　利润分配——未分配利润

　贷：股本

　　　资本公积

例 5-3：

2016 年 12 月 10 日，A 公司发行 5 000 万股普通股取得 B 公司 20% 的股份，每股股票的面值为 1 元，每股发行价为 3 元，按发行收入的 1% 向证券机构支付手续费。请编制相应会计分录。

借：长期股权投资　　　　14 850

　贷：股本　　　　5 000

　　　资本公积　　　　9 850

投资者投入的长期股权投资，应当按照合同或协议约定的价值作为初始投资成本，但合同或协议约定的价值不公允的除外。

例 5-4：

2014 年 12 月 1 日，A 公司接受 B 公司投资，B 公司将持有的对 C 公司的长期股权投资投入 A 公司。B 公司持有的对 C 公司的长期股权投资的账面余额为 600 万元，未计提减值准备，投资当日的评估作价为 850 万元（公允价值），增资后 A 公司的注册资本和实收资本均为 3 000 万元，B 公司的持股比例为 25%。请编制相应的会计分录。

借：长期股权投资　　　　8 500 000

　贷：实收资本　　　　7 500 000

　　　资本公积　　　　1 000 000

二、企业合并形成的长期股权投资

（一）同一控制下企业合并形成的长期股权投资

合并方以支付现金、转让非现金资产或承担债务方式作为合并对价的，应当在合并日按照取得被合并方所有者权益账面价值的份额作为长期股权投资的初始投资成本。长期股权投资的初始投资成本与支付的现金、转让非现金资产或承担债务账面价值之间的差额，应当调整资本公积；资本公积不足以冲减的，调整盈余公积；盈余公积不足以冲减的，冲减未分配利润。企业合并中发生的审计服务、法律服务、评估咨询等中介费用以及其他相关管理费用，计入当期损益（记入“管理费用”科目）。

合并方以发行权益性证券作为合并对价的，应按发行股份的面值总额作为股本，长期股权投资初始投资成本与所发行股份面值总额之间差额，应当调整资本公积；资本公积不足以冲减的，调整盈余公积；盈余公积不足以冲减的，冲减未分配利润。

会计业务处理模板如下：

借：长期股权投资
　　资本公积
　　盈余公积
　　利润分配——未分配利润
　　相关资产类科目
　　相关负债类科目
　贷：股本
　　　银行存款
　　　资本公积
　　　主营业务收入
　　　其他业务收入
　　　应交税费——应交增值税——销项税额

借：管理费用（审计服务、法律服务、评估咨询等中介费用以及其他相关管理费用）
　　资本公积（权益性证券发行费用）
　贷：银行存款

例 5-5：

2016 年 12 月 2 日，A 公司银行存款 1 200 万元购买同一集团内 B 公司 100% 的股份，合并后 B 公司仍然独立存在开展生产经营活动，合并日 B 公司的所有者权益总额为 1 000 万元。合并日 A 公司的资本公积为 120 万元，盈余公积为 300 万元。请编制相应会计分录。

借：长期股权投资	10 000 000	
资本公积	1 200 000	
盈余公积	800 000	
贷：银行存款		12 000 000

（二）非同一控制下企业合并形成的长期股权投资

购买方应当按照确定的企业合并成本作为长期股权投资的初始投资成本。合并成本包括购买方付出的资产、发生或承担的负债、发行的权益性证券的公允价值。企业合并中发生的审计服务、法律服务、评估咨询等中介费用以及其他相关管理费用，计入当期损益（记入“管理费用”科目）。为企业合并发行债券或承担其他债务支付的手续费、佣金计入负债初始确认金额。为企业合并发行权益性证券发生的手续费、佣金等费用冲减资本公积；资本公积不足冲减的，冲减盈余公积；盈余公积不足冲减的，冲减未分配利润。

非同一控制下的企业合并，投出资产为非货币性资产时，投出资产的公允价值与账面价值之间的差额应分不同情况进行会计处理。

会计业务处理模板如下：

投出资产是固定资产或无形资产，其差额记入“营业外收入”或“营业外支出”账户。

借：长期股权投资
　　累计折旧（或累计摊销）
　　营业外支出
　贷：固定资产
　　　无形资产
　　　营业外收入

投出资产是存货，按其公允价值确认主营业务收入或其他业务收入，按其成本结转主营业务成本或其他业务成本。

借：长期股权投资
　贷：主营业务收入
　　　其他业务收入
借：主营业务成本
　　其他业务成本
　贷：相关存货科目

投出资产为可供出售金融资产等金融资产的，其差额记入“投资收益”账户。可供出售金融资产持有期间公允价值变动形成的其他综合收益也应一并结转投资收益；交易性金融资产持有期间公允价值变动形成的公允价值变动损益也应一并结转投资收益。

借：长期股权投资
　贷：相关金融资产科目
　　　投资收益
借：投资收益
　贷：其他综合收益
　　　公允价值变动损益

例 5-6：

A 公司于 2016 年 12 月 31 日取得 B 公司 70%的股权。合并中，A 公司拟支付相关资产在购买日的账面价值与公允价值如表 5-1 所示。合并当天，B 公司净资产的账面价值为 3 900 万元。合并中，A 公司为核实 B 公司的资产价值，聘请有关机构对该项合并进行咨询，支付咨询费用 80 万元。本例中假定合并前 A 公司与 B 公司不存在关联方关系，属于非同一控制下的企业合并（增值税税率 17%）。合并双方在合并前采用的会计政策相同。至合并时无形资产已经摊销了 600 万元。

表 5-1　　A 公司在购买日资产的账面价值和公允价值表　　单位：元

项目	账面价值	公允价值
土地使用权	10 000 000	16 000 000
专利技术	4 000 000	5 000 000
银行存款	4 000 000	4 000 000
库存商品	4 000 000	5 000 000
合计	22 000 000	30 000 000

请编制相应会计分录。

借：长期股权投资　　31 650 000
　　累计摊销　　6 000 000
　贷：无形资产　　21 000 000
　　　银行存款　　4 800 000
　　　主营业务收入　　5 000 000
　　　应交税费——应交增值税——销项税额　　850 000
　　　营业外收入　　6 000 000
借：主营业务成本　　4 000 000
　贷：库存商品　　4 000 000

例 5-7：

2016 年 12 月 1 日，A 公司以一项可供出售金融资产向 B 公司投资（A、B 两公司不属于同一控制下的公司），占 B 公司注册资本的 70%，投资当日该可供出售金融资产的账面价值为 2 800 万元（其中成本 3 000 万元，公允价值变动为-200 万元），公允价值是 2 900 万元。不考虑相关税费。请编制相应会计分录。

借：长期股权投资　　29 000 000
　　可供出售金融资产——公允价值变动　　2 000 000
　贷：可供出售金融资产——成本　　30 000 000
　　　投资收益　　1 000 000
借：投资收益　　2 000 000
　贷：其他综合收益　　2 000 000

第三节　长期股权投资的后续计量

无论是同一控制下的企业合并还是非同一控制下的企业合并形成的长期股权投资，实际支付的价款或对价中包含的已宣告但尚未发放的现金股利或利润，应作为应收项目处理。

长期股权投资的核算方法有成本法和权益法两种。不同的核算方法直接影响着长期股权投资的后续计量和各期投资收益的确认。投资企业与被投资企业关系是确定长期股权投资核算方法的重要依据。具体内容如下：

第一，投资企业能够对被投资单位实施控制的长期股权投资，采用成本法核算。

第二，投资企业对被投资单位具有共同控制或重大影响的长期股权投资，采用权益法核算。

一、长期股权投资的成本法核算

（一）成本法的含义及范围

成本法是指投资按成本计价的方法。按照长期股权投资准则核算的权益性投资中，应采用成本法核算的是投资企业能够对被投资单位实施控制的长期股权投资，即企业持有的对子公司的投资。

（二）账户设置

成本法下的长期股权投资的核算通常包括投资取得、持有期内的损益确认、持有期内的期末计价、投资处置等内容。企业应设置“长期股权投资”“应收股利”“长期股权投资减值准备”等科目进行核算，“长期股权投资”和“长期股权投资减值准备”科目还应按被投资单位具体名称进行明细核算。

（三）具体账务处理

1. 取得时的核算

成本法是指投资按成本计价的方法。因此，在成本法下，长期股权投资取得时的账务处理如前述的长期股权投资初始计量，在此不再重复。

2. 持有期间投资收益的确认

对于采用成本法核算的长期股权投资，除取得投资时实际支付的价款中包含已宣告但尚未发放的现金股利或利润外，投资企业应当按照享有被投资单位宣告发放的现金股利或利润确认为投资收益。不再划分是否属于投资前和投资后被投资单位实现的净利润。在成本法下，投资企业不确认投资损失。此外，投资企业收到股票股利时，不进行账务处理，但应在备查簿中登记。

会计业务处理模板如下：

（1）当被投资企业宣告发放现金股利或利润时：

借：应收股利

贷：投资收益

（2）实际收到时：

借：银行存款

贷：应收股利

被投资单位宣告分派的现金股利或利润中，投资企业按应享有的部分，确认为当期投资收益，若所获得的被投资单位宣告分派的利润或现金股利超过了在接受投资后产生的累积净利润的部分，应冲减长期股权投资的账面价值。

一般情况下，投资企业在取得投资当年自被投资单位分得的现金股利或利润作为投资成本的收回。

应冲减的投资成本的金额=（投资后至本年年末或本期末为止被投资单位分派的现金股利或利润-投资后至上年年末为止被投资单位累积实现的净损益）×投资企业持股比例-投资企业已冲减的初始投资成本

应确认的投资收益=投资企业当年获得的利润或现金股利-被冲减初始投资成本的金额

例 5-8：

A 公司于 2014 年 12 月 1 日对乙公司投资 1 000 万元，占乙公司权益性资本的 60%，采用成本法核算。2014 年 12 月 31 日乙公司确认实现净利润 2 000 万元（假设每月利润均匀）。2015 年 3 月 20 日乙公司宣告发放 2014 年度的利润 1 600 万元。2015 年 4 月 2 日 A 公司收到乙公司分配的利润。2016 年 12 月 31 日乙公司确认实现利润 1 800 万元。计算 A 公司 2014—2015 年应确认的投资收益是多少，并编制相应会计分录。

（1）2014 年投资收益为 0 元。

（2）2015 年确认应冲减的成本为=1 600×60%=960（万元）

借：应收股利	9 600 000	
贷：投资收益		9 600 000

（3）2015 年 4 月收到分配的股利。

借：银行存款	9 600 000	
贷：应收股利		9 600 000

例 5-9：

甲企业于 2014 年 1 月 1 日以 1 600 万元购入乙企业 70%的股权，并准备长期持有。投资时，乙企业可辨认净资产账面价值为 2 000 万元，公允价值为 2 100 万元。假如甲、乙公司存在关联关系，属于同一控制下的企业合并。2014 年乙企业实现净利润 180 万元。2015 年 3 月 9 日乙企业宣告分配现金股利 50 万元。2015 年 4 月 10 日甲企业收到现金股利。2015 年乙企业发生亏损 1 000 万元。要求：编制甲企业的相关会计分录。

(1) 2014 年 1 月 1 日购入时：

借：长期股权投资　　14 000 000

　资本公积——资本溢价　　2 000 000

　贷：银行存款　　16 000 000

(2) 2014 年乙企业实现利润，甲企业不需进行账务处理。

(3) 2015 年 3 月 9 日乙企业宣告分配现金股利，甲企业应享有的份额 = 500 000 × 70% = 350 000 元。

借：应收股利　　350 000

　贷：投资收益　　350 000

(4) 2015 年 4 月 10 日甲企业收到现金股利时：

借：银行存款　　350 000

　贷：应收股利　　350 000

(5) 2015 年乙企业发生亏损，甲企业不需进行账务处理。

【特别提示】

在成本法下，被投资方发生亏损时，投资方不需要按持有股份确认亏损额。

在成本法下，只有在被投资方宣告分派股利时，投资方才能按持有股份确认收益，否则是不能确认投资收益的。

二、长期股权投资的权益法核算

(一) 权益法的含义及范围

权益法是指投资以初始投资成本计量后，在投资持有期间根据投资企业享有的被投资单位所有者权益份额的变动对投资的账面价值进行调整的方法。投资企业对被投资单位具有共同控制或重大影响的长期股权投资（即对合营企业或联营企业的投资），应当采用权益法核算。

(二) 账户设置

权益法下的长期股权投资的核算通常包括投资取得、持有期内的损益确认、持有期内的其他业务、持有期内的期末计价、投资处置等内容。企业应设置“长期股权投资”“应收股利”“长期股权投资减值准备”等科目进行核算，“长期股权投资”应按被投资单位的具体名称，分别设置“成本”“损益调整”“其他权益变动”“其他综合收益”明细科目进行明细核算。

(三) 具体账务处理

1. 取得时的核算

投资企业取得对联营企业或合营企业的投资后，对于投资初始成本与应享有被投资单位可辨认净资产公允价值份额之间的差额，应区别以下两种情况进行处理：

第一，长期股权投资的初始投资成本大于投资时应享有的被投资单位可辨认净资产公允价值份额的，该部分差额是投资企业在购入该项投资过程中通过购买作价体现出的与所取得股权份额相对应的商誉，这种情况下不需对长期股权投资的成本进行调整。

第二，长期股权投资的初始投资成本小于投资时应享有的被投资单位可辨认净资产公允价值份额的，该部分差额可以看作是被投资单位的股东给予投资企业的让步，或是出于其他方面的考虑被投资单位的原有股东无偿赠予投资企业的价值。因而应确认为当期收益，计入取得投资当期的营业外收入，同时调整增加长期股权投资的账面价值，即按其差额，借记“长期股权投资——成本”科目，贷记“营业外收入”科目。

例 5-10：

A 公司于 2016 年 7 月 1 日支付价款 400 万元购入 B 公司 20%的有表决权股份，并对 B 公司具有重大影响，另支付相关税费 5 万元。同日，B 公司可辨认净资产的公允价值为 2 200 万元。请编制相应会计分录。

借：长期股权投资——成本　　4 400 000

　贷：银行存款　　4 050 000

　　　营业外收入　　350 000

例 5-11：

A 公司于 2016 年 6 月 2 日取得 B 公司 40%的股权，支付价款 5 000 万元，投资当日 B 公司的净资产账面价值为 6 000 万元。A 公司能够对 B 公司实施重大影响。请编制相应会计分录。

借：长期股权投资　　50 000 000

　贷：银行存款　　50 000 000

2. 持有期间，投资收益的确认

在权益法下，投资企业取得长期股权投资后，应当在投资损益实现的时点，即在被投资单位实现盈利或发生亏损时，投资企业按应享有或应分担的部分确认为投资损益，并相应增加或减少长期股权投资的账面价值。

采用权益法核算长期股权投资，在确认应享有或应分担被投资企业的净利润或净亏损的份额时，应具备以下三个条件：

一是投资企业与被投资企业采取相同的会计政策。

二是投资企业与被投资企业具有相同的会计期间。

三是投资企业应当以取得投资时被投资单位各项可辨认资产的公允价值为基础。

在上述三个条件不具备的情况下，应进行如下调整后方可确认投资损益：

第一，对于被投资单位采用的会计政策及会计期间与投资企业不一致的，应当按照投资企业的会计政策及会计期间对被投资单位的财务报表进行调整，并据以确认投资损益。

第二，投资企业的投资收益应当以取得投资时被投资单位各项可辨认资产的公允价值为基础，对被投资单位净损益进行调整后加以确定。

例如，以取得投资时被投资单位固定资产、无形资产的公允价值为基础计提的折旧或摊销额，相对于被投资单位已计提的折旧额或摊销额之间存在差额的，应按其差额对被投资单位的净损益进行调整，并按调整后的净损益和持股比例计算确认投资收益。在进行有关调整时，应当考虑重要性项目。如果无法可靠确定投资时被投资单位各项可辨认资产等的公允价值，或者投资时被投资单位可辨认资产等的公允价值与其账面价值之间的差额较小以及其他原因导致无法对被投资单位的净损益进行调整，可以按照被投资单位的账面净损益与持股比例计算确认投资收益，但应在附注中说明这一事实及其原因。

在权益法下，投资企业确认被投资单位发生的净亏损应当以长期股权投资的账面价值以及其他实质上构成对被投资单位净投资的长期权益减记至零为限，投资企业负有承担额外损失义务的除外。其他实质上构成对被投资单位净投资的长期权益，通常是指长期性的应收项目，如企业对被投资单位的长期债权，该债权没有明确的清收计划且在可预见的未来期间不准备收回的，实质上构成对被投资单位的净投资。对于被投资企业亏损问题的处理，应注意以下问题：

第一，投资企业不存在其他实质上构成对被投资单位净投资的长期权益以及负有承担额外损失义务的情况下。当被投资单位发生亏损时，投资企业确认投资损失的金额，应当以长期股权投资的账面价值减记至零为限。存在超额亏损时，确认投资损失的金额等于投资账面价值，未确认投资损失金额等于应承担亏损额减去投资账面价值，未确认的投资损失金额应在账外备查登记。被投资单位亏损后以后实现净利润的，投资企业在其收益分享额弥补未确认的亏损分担额后，恢复确认收益分享额。

第二，投资企业存在其他实质上构成对被投资单位净投资的长期权益以及负有承担额外损失义务的情况下。当“应承担亏损额>投资账面价值”，即存在超额亏损时，确认投资损失的金额等于应承担亏损额。在长期股权投资的账面价值减记至零以后，应当以其他实质上构成对被投资单位净投资的长期权益账面价值为限继续确认投资损失，冲减长期权益的账面价值。因投资合同或协议导致投资企业需要承担额外义务的，按照或有事项准则的规定，对符合确认条件的义务，应确认为预计负债，同时计入当期投资损失。除上述情况仍未确认的应分担被投资单位的损失，应在账外备查登记。被投资单位以后期间实现盈利的，扣除未确认的亏损分担额后，应按与上述顺序相反的顺序进行处理，减记已确认预计负债的账面余额，恢复其他长期权益及长期股权投资的账面价值，同时确认投资收益。应当按顺序分别借记“预计负债”“长期应收款”“长期股权投资”科目，贷记“投资收益”科目。

会计业务处理模板如下：

（1）当被投资单位实现盈利时，按应享有的部分确认投资收益的金额。

借：长期股权投资——损益调整

　贷：投资收益

（2）当被投资单位发生亏损时，按应承担的部分确认投资损失的金额。

①正常情况下：

借：投资收益

　贷：长期股权投资——损益调整

②投资企业不存在其他实质上构成对被投资单位净投资的长期权益以及负有承担额外损失义务的情况下，在超额亏损时：

借：投资收益

　贷：长期股权投资——成本

　　　长期股权投资——损益调整

【特别提示】

未确认投资损失金额=应承担亏损额-投资账面价值，并在账外备查簿中登记。

③投资企业存在其他实质上构成对被投资单位净投资的长期权益以及负有承担额外损失义务的情况下，在超额亏损时：

借：投资收益

　贷：长期股权投资——成本

　　　长期股权投资——损益调整

　　　长期股权投资——其他综合收益

　　　长期应收款

　　　预计负债

例 5-12：

2014 年 12 月 5 日，甲公司出资 800 万元购入乙公司 40%的股份，款项用银行存款支付。甲公司享有乙公司可辨认净资产公允价值数额为 620 万元。甲公司能够对乙公司施加重大影响。乙公司 2014 年盈利 30 万元（未进行利润分配）。乙公司 2015 年亏损 1 200 万元。为了解决乙公司生产经营资金的不足，甲公司于 2016 年年初以长期应收款的方式向乙公司提供资金 76 万元，并且该笔应收款无明确的偿还计划。2016 年乙公司亏损 950 万元。请编制相应会计分录。

（1）2014 年 1 月 5 日，甲公司购入乙公司 40%的股份时：

借：长期股权投资——成本　　　　8 000 000

　贷：银行存款　　　　8 000 000

（2）乙公司 2014 年实现盈利时：

甲公司应享有的份额=300 000×40%=120 000（元）

借：长期股权投资——损益调整　　　　120 000

　贷：投资收益　　　　120 000

（3）乙公司 2015 年发生亏损时：

确认投资损失前，甲企业“长期股权投资”账面价值=8 000 000+120 000

=8 120 000（元）

甲公司应分担的损失份额=12 000 000×40%=4 800 000（元）

借：投资收益　　　　4 800 000

　贷：长期股权投资——损益调整　　　　4 800 000

（4）乙公司 2016 年发生亏损时：

确认投资损失前，甲企业“长期股权投资”账面价值=8 120 000-4 800 000

=3 320 000（元）

甲公司应分担的损失份额=9 500 000×40%=3 800 000（元）

因为甲企业应分担的损失份额大于“长期股权投资”账面价值，所以将“长期股权投资”账户冲减至零后，还应冲减“长期应收款”账户。

借：投资收益　　3 800 000

　　长期股权投资——损益调整　　4 680 000

　贷：长期股权投资——成本　　8 000 000

　　　长期应收款　　480 000

3. 持有期内，现金股利或利润的取得

以权益法核算的长期股权投资，在被投资单位宣告分派现金股利或利润时，不确认为投资收益，而应抵减长期股权投资的账面价值。

会计业务处理模板如下：

借：应收股利

　贷：长期股权投资——损益调整

例 5-13：

承接例 5-12，B 公司 2014 年实现净利润 500 万元，宣告发放现金股利 200 万元。请编制相应会计分录。

（1）B 公司 2014 年实现净利润，A 公司应享有的份额 = 5 000 000×20%

= 1 000 000（元）

借：长期股权投资——损益调整　　1 000 000

　贷：投资收益　　1 000 000

（2）B 公司宣告发放现金股利，A 公司应享有的份额 = 2 000 000×20%

= 400 000（元）

借：应收股利　　400 000

　贷：长期股权投资——损益调整　　400 000

三、被投资单位其他综合收益变动的处理

被投资单位其他综合收益发生变动的，投资方应当按照归属于本企业的部分，相应调整长期股权投资的账面价值，同时增加或减少其他综合收益。

会计业务处理模板如下：

借：长期股权投资——其他综合收益

　贷：其他综合收益

或编制相反会计分录。

例 5-14：

甲公司持有乙公司 25%的股份，并能对乙公司施加的重大影响。当期，乙公司将其作为存货的房地产转换为以公允价值模式计量的投资性房地产，转换日公允价值大于账面 1 500 万元，计入了其他综合收益。不考虑其他因素，甲公司当期按照权益法核算应确认的其他综合收益的会计处理如下：

按权益法核算甲公司应确认的其他综合收益 = 1 500×25% = 375（万元）

借：长期股权投资——其他综合收益　　3 750 000

　贷：其他综合收益　　3 750 000

四、取得现金股利或利润的处理

会计业务处理模板如下：

借：应收股利

　贷：长期股权投资——损益调整

五、被投资单位除净损益、其他综合收益以及利润分配以外的所有者权益的其他变动

被投资单位除净损益、其他综合收益以及利润分配以外的所有者权益的其他变动的因素主要包括被投资单位接受其他股东的资本性投入、被投资单位发行可分离交易的可转债中包含的权益成分、以权益结算的股份支付、其他股东对被投资单位增资导致投资方持股比例变动等。

投资方应按所持股权比例计算应享有的份额，调整长期股权投资的账面价值，同时计入资本公积（其他资本公积），并在备查簿中予以登记。投资方在后续处置股权投资但对剩余股权仍采用权益法核算时，应按处置比例将这部分资本公积转入当期投资收益；对剩余股权终止权益法核算时，应将这部分资本公积全部转入当期投资收益。确认被投资单位所有者权益的其他变动。

会计业务处理模板如下：

借：长期股权投资——其他权益变动

　贷：资本公积——其他资本公积

或编制相反会计分录。

例 5-15：

A 企业持有 B 企业 30%的股份，能够对 B 企业施加重大影响。B 企业为上市公司，当期 B 企业的母公司给予 B 企业捐赠 1 000 万元，该捐赠实质上属于资本性投入，B 企业将其计入资本公积（股本溢价）。不考虑其他因素，A 企业按权益法进行如下会计处理：

A 企业确认应享有被投资单位所有者权益的其他变动＝1 000×30%＝300（万元）

借：长期股权投资——其他权益变动　　　　3 000 000

　贷：资本公积——其他资本公积　　　　　　3 000 000

六、长期股权投资减值准备

长期股权投资无论采用成本法核算还是权益法核算，投资企业应当在资产负债表日判断对合营企业或联营企业的长期股权投资是否存在可能发生减值的迹象。如果存在减值迹象的，应当估计其可收回金额。若预计可收回金额低于其账面价值，应将该长期股权投资的账面价值减记至可收回金额，减值的金额确认为减值损失。长期股权投资减值损失一经确认，在以后期间不得转回。

会计业务处理模板如下：

借：资产减值损失

　贷：长期股权投资减值准备

第六章　固定资产

【本章学习重点】

(1) 固定资产的定义及分类；
(2) 固定资产的初始计量及会计处理；
(3) 固定资产折旧及具体方法；
(4) 固定资产后续支出；
(5) 固定资产的处置；
(6) 固定资产减值。

第一节　固定资产概述

一、固定资产的定义

固定资产是指同时具有下列特征的有形资产：

第一，为生产商品、提供劳务、出租或经营管理而持有的。

第二，使用寿命超过一个会计年度。其中，使用寿命是指企业使用固定资产的预计期间或者该固定资产所能生产产品或提供劳务的数量。使用寿命一般可从使用年限和使用期所能生产的产品或提供劳务的数量来表示。

第三，固定资产为有形资产。

第四，单位价值在 2 000 元以上。

二、固定资产的分类

企业的固定资产种类繁多、规格不一。因此，为了科学、合理地对固定资产进行管理和会计核算，企业应根据不同的管理需要和核算要求以及不同的分类标准，对固定资产进行不同的分类。固定资产的主要分类方法有以下几种：

(一) 按固定资产的经济用途分类

按固定资产的经济用途分类，固定资产可以分为生产经营用固定资产和非生产经营用固定资产。

(二) 按固定资产的经济用途和使用等综合分类

按固定资产的经济用途和使用等综合分类，可以把企业的固定资产划分为以下几大类：

（1）生产经营用的固定资产。

（2）非生产经营用固定资产。

（3）租出固定资产（指在经营租赁方式出租给外单位使用的固定资产）。

（4）不需要的固定资产。

（5）土地。

（6）融资租入的固定资产（这是指企业以融资租赁方式租入的固定资产，在租赁期内应视为自有固定资产进行管理）。

【特别提示】

作为固定资产管理和核算的土地是指过去已经估价并单独入账的土地。因征地而支付的补偿费，应计入与土地有关的房屋、建筑物的价值内，不单独作为土地价值入账。企业取得的土地使用权，应作为无形资产，不作为固定资产管理。

（三）按固定资产的使用情况分类

按固定资产的使用情况分类，可以将固定资产分为以下几类：

（1）使用中的固定资产。使用中的固定资产是指正在为企业生产经营服务的各类固定资产。对于季节性经营或大修理等原因，暂时停止使用的固定资产仍属于企业使用中的固定资产，企业对外经营性出租的固定资产和内部替换使用的固定资产也属于使用中的固定资产。

（2）未使用的固定资产。未使用的固定资产是指暂时没有使用，而将来需要为企业生产经营服务的固定资产。

（3）不需用的固定资产。由于生产技术的进步，或者损坏等众多原因，导致某项固定资产不能继续为企业服务，需要退出企业的生产经营，此类固定资产就是不需用的固定资产。

由于企业的经营性质不同，经营规模各异，对固定资产的分类不可能完全一致。实际工作中，大多数企业采用综合分类的方法作为编制固定资产目录、进行固定资产核算的依据。

三、固定资产的初始计量

固定资产的初始计量是指固定资产初始成本的确定。固定资产应当按照成本进行初始计量，具体对成本计量时又要求按照以不同方式取得固定资产时所发生的实际成本计量。企业固定资产的取得方式主要有外购固定资产、自行建造、投资者投入、融资租入以及其他方式取得固定资产。

外购的固定资产成本包括实际支付的购买价款、相关税费、使固定资产达到预定可使用状态前所发生的可归属该项资产的运输费、装卸费、安装费和专业人员服务费等。

【特别提示】

购进货物用于建造不动产，虽然取得了增值税专用发票，但不能计算进项税额。

除专门用于非应税项目、免税项目等的机器设备进项税额不得抵扣外，包括混用的机器设备在内的其他机器设备进项税额均可抵扣。

企业基于产品价格等因素的考虑，可能以一笔款项购入多项没有单独标价的固定资产。如果这些资产均符合固定资产的定义，并满足固定资产的确认条件，则应将各项资产单独确认为固定资产，并按各项固定资产公允价值的比例对总成本进行分配，分别确定各项固定资产的成本。

自行建造的固定资产成本由建造该项固定资产达到预定可使用状态前所发生的必要支出构成，包括工程用物资成本、人工成本、缴纳的相关税费、应予资本化的借款费用以及应分摊的间接费用。企业自行建造固定资产，可采用两种方式，即自营在建工程和出包在建工程。

投资者投入固定资产的成本应当按照投资合同或协议约定的价值确定，但投资合同或协议约定的价值不公允的除外。

融资租赁方式租入的固定资产应在租赁期开始日，将租赁开始日租赁资产公允价值与最低租赁付款额现值两者中较低者，加上初始直接费用，作为租入资产的入账价值。初始直接费用是指在租赁谈判和签订租赁协议的过程中发生的可直接归属于租赁项目的费用，如印花税、佣金、律师费、差旅费、谈判费等。

第二节 取得固定资产的会计处理

一、固定资产核算的科目设置

为了核算固定资产，企业一般需要设置“固定资产”“在建工程”“工程物资”等科目。

“固定资产”科目属于资产类科目，核算企业固定资产的原价，期末借方余额反映企业期末固定资产的账面原价。企业应当设置“固定资产登记簿”和“固定资产卡片”，按固定资产类别、使用部门和每项固定资产进行明细核算。

“在建工程”科目核算企业基建、更新改造等在建工程发生的支出，借方登记企业各项在建工程的实际支出，贷方登记完工工程转出的成本，期末借方余额反映企业尚未达到预定可使用状态的在建工程的成本。

“工程物资”科目核算企业为在建工程而准备的各种物资的实际成本。该科目借方登记企业购入工程物资的成本，贷方登记领用工程物资的成本，期末借方余额反映企业为在建工程准备的各种物资的成本。

二、外购不需要安装的固定资产核算

外购不需要安装的固定资产核算的会计业务处理模板如下：

借：固定资产

　　应交税费——应交增值税——进项税额

　贷：银行存款

应付账款

应付票据

例 6-1：

甲公司购入不需安装的生产设备一台，不含税买价为 30 000 元，增值税专用发票注明增值税为 5 100 元，并支付运杂费 500 元，只取得了增值税普通发票，全部款项以银行存款支付。请编制相应会计分录。

借：固定资产　　30 500

　　应交税费——应交增值税——进项税额　　5 100

　贷：银行存款　　35 600

例 6-2：

甲公司购入不需安装的办公设备一台，不含税买价为 10 000 元，增值税为 1 700 元，取得了增值税普通发票一张，并支付运输费 200 元，全部款项以银行存款支付。请编制相应会计分录。

借：固定资产　　11 900

　贷：银行存款　　11 900

三、外购需要安装的固定资产核算

外购需要安装的固定资产核算的会计业务处理模板如下：

1. 购入时

借：在建工程

　　应交税费——应交增值税——进项税额

　贷：银行存款等科目

2. 发生各项安装支出时

借：在建工程

　贷：银行存款

　　　应付账款

　　　应付票据

3. 安装完毕达到预计可使用状态时

借：固定资产

　贷：在建工程

例 6-3：

丙公司购入需要安装的生产设备一台，不含税买价为 50 000 元，增值税专用发票上注明增值税为 8 500 元，不含税的运费为 1 000 元，取得了增值税专用发票，税率为 11%，安装费为 6 000 元，所有款项以银行存款支付。请编制相应会计分录。

（1）购入需安装的设备时：

借：在建工程　　57 000

　　应交税费——应交增值税——进项税额　　8 610

　贷：银行存款　　65 610

（2）设备安装完毕交付使用时：

借：固定资产　　57 000

　贷：在建工程　　57 000

四、自营固定资产的核算

自营固定资产的核算的会计业务处理模板如下：

1. 购入工程物资时

借：工程物资

　贷：银行存款

　　　应付账款

　　　应付票据

2. 领用工程物资时

借：在建工程

　贷：工程物资

3. 领用原材料用于增值税应税项目建造（如机器设备等）时

借：在建工程

　贷：原材料

4. 领用原材料用于非增值税应税项目建造（如房屋建筑物等）时

借：在建工程

　贷：原材料

　　　应交税费——应交增值税——进项税额转出

5. 领用本企业库存商品用于增值税应税项目建造（如机器设备等）时

借：在建工程

　贷：库存商品

6. 领用本企业库存商品用于非增值税应税项目建造（如房屋建筑物等）时

借：在建工程

　贷：库存商品

　　　应交税费——应交增值税——销项税额

7. 自营工程发生其他费用（如分配工程人员工资等）时

借：在建工程

　贷：应付职工薪酬

　　　银行存款等科目

8. 自营工程达到预计可使用状态时

借：固定资产

　贷：在建工程

例 6-4：

2016 年 2 月，丁公司准备自行建造一厂房，为此购入工程物资一批，增值税专用发票上注明的价款为 200 000 元，增值税税额为 34 000 元，款项以银行存款支付，物资全部投入工程建造。工程领用生产用原材料一批，成本为30 000元。购进时取得了增值税专用发票，增值税税率为17%。领用本企业生产产品一批，实际成本为80 000元，税务部门确定的计税价格为100 000元，增值税税率为17%。另外，在建造过程中，应付工程人员工资50 000元，辅助生产车间为工程提供劳务20 000元。2016年3月末，工程达到预定可使用状态。请编制相应会计分录。

(1) 购入工程物资时：

借：工程物资　234 000

　贷：银行存款　234 000

(2) 领用工程物资时：

借：在建工程　234 000

　贷：工程物资　234 000

(3) 领用生产用材料时：

借：在建工程　35 100

　贷：原材料　30 000

　　应交税费——应交增值税——进项税额转出　5 100

(4) 领用本企业生产的产品时：

借：在建工程　97 000

　贷：库存商品　80 000

　　应交税费——应交增值税——销项税额　17 000

(5) 计提应付工程人员工资时：

借：在建工程　50 000

　贷：应付职工薪酬　50 000

(6) 辅助生产车间为工程提供劳务时：

借：在建工程　20 000

　贷：生产成本——辅助生产成本　20 000

(7) 工程达到预定可使用状态时：

借：固定资产　436 100

　贷：在建工程　436 100

五、出包工程的核算

出包工程核算的会计业务处理模板如下：

1. 按合理估计的发包工程进度和合同规定向建造承包商结算进度款时

借：在建工程

　贷：银行存款

2. 工程完工，按合同规定补付工程款时

借：在建工程

　贷：银行存款

3. 工程达到预定可使用状态时

借：固定资产

　贷：在建工程

【特别提示】

如果是预付工程款的，则应采用“预付账款”科目进行核算。

例 6-5：

甲公司建造一栋楼房，出包给某建筑企业，工程总造价为 1 600 000 元。按合理估计的发包工程进度和合同规定向该建筑企业支付 960 000 元。工程完工后，收到建筑企业有关结算单据，补付工程款 640 000 元，工程完工达到预定可使用状态。请编制相应会计分录。

（1）按合理估计的发包工程进度和合同规定向建筑企业结算进度款。

借：在建工程	960 000	
贷：银行存款		960 000

（2）工程完工，办理工程价款结算。

借：在建工程	640 000	
贷：银行存款		640 000

（3）工程验收合格交付使用，结转在建工程成本。

借：固定资产	1 600 000	
贷：在建工程		1 600 000

六、其他方式形成的固定资产

（一）投资者投入的固定资产

会计业务处理模板如下：

借：固定资产

　　应交税费——应交增值税——进项税额

　贷：实收资本

　　　资本公积——资本溢价

（二）融资租赁租入的固定资产

例 6-6：

甲公司收到乙公司作为资本投入的不需要安装的机器设备一台，合同约定该机器设备的不含税价值为 200 万元，增值税专用发票上注明增值税为 34 万元。经约定，甲公司接受乙公司的投入资本为 234 万元。合同约定的固定资产价值与公允价值相符。请编制相应会计分录。

借：固定资产	2 000 000	
应交税费——应交增值税——进项税额	340 000	
贷：实收资本		2 340 000

第三节　固定资产折旧

一、固定资产折旧的定义

固定资产折旧是指在固定资产使用寿命内，按照确定的方法对应计折旧额进行系统分摊。其中，应计折旧额是指应当计提折旧的固定资产的原价扣除其预计净残值后的金额。对于已计提减值准备的固定资产，还应当扣除已计提的固定资产减值准备累计金额。因此，影响固定资产折旧的因素主要有固定资产原值、预计净残值、固定资产减值准备、固定资产使用寿命。

预计净残值是指假定固定资产预计使用寿命已满并处于使用寿命终了时的预期状态，企业目前从该项固定资产处置中获得的扣除预计处置费用后的金额。

企业应当根据固定资产的性质和使用情况，合理确定固定资产的使用寿命和预计净残值。固定资产的使用寿命、预计净残值一经确定，不得随意变更，但符合规定的除外。

固定资产使用寿命是指企业使用固定资产的预计期间，或者该固定资产所能生产产品或提供劳务的数量。企业确定固定资产使用寿命，应当考虑下列因素：

第一，预计生产能力或实物产量。

第二，预计有形损耗和无形损耗。

第三，法律或者类似规定对资产使用的限制。

二、固定资产折旧的范围

根据《企业会计准则第 4 号——固定资产》的规定，除以下情况外，企业应对固定资产计提折旧：

第一，已提足折旧仍继续使用的固定资产。

第二，按规定单独作价作为固定资产入账的土地。

在确定固定资产折旧范围时，必须注意以下几点：

第一，企业应当按月计提折旧，当月增加的固定资产，当月不计提折旧，从下月起计提折旧；当月减少的固定资产，当月仍计提折旧，从下月起不再计提折旧。

第二，固定资产提足折旧后，不论能否继续使用，均不再计提折旧；提前报废的固定资产，也不再补提折旧。提足折旧是指已经提足该项固定资产的应计折旧额。

第三，已达到预定可使用状态的固定资产但尚未办理竣工结算的，应当按照估计价值确定其成本，并计提折旧；待办理竣工结算后，再按照实际成本调整原来的暂估价值，但不需要调整已计提的折旧额。

第四，处于更新改造过程停止使用的固定资产，应将其账面价值转入在建工程，不再计提折旧。更新改造项目达到预定可使用状态转为固定资产后，再按照重新确定的折旧方法和该项固定资产尚可使用年限计提折旧。

第五，融资租入固定资产应当采用与自有应计折旧资产相一致的折旧政策。确定融资租赁的折旧期间应根据租赁合同而定。能够合理确定租赁期满时将会取得租赁资产所有权的，应以租赁期开始日租赁资产的使用寿命为折旧期间；无法合理确定租赁期满后承租人是否能够取得租赁资产所有权的，应以租赁期与租赁资产使用寿命两者中较短者作为折旧期间。

三、固定资产折旧的方法

企业应当根据与固定资产有关的经济利益的预期实现方式，合理选择固定资产折旧方法。可选用的折旧方法有直线法和加速法两大类。其中，直线法包括年限平均法和工作量法等；加速法包括年数总和法和双倍余额递减法等。固定资产折旧方法一经确定，不得随意变更，但符合规定的除外。

（一）直线法

1. 年限平均法

年限平均法又称直线法、平均法，是指将固定资产的折旧按照预计使用寿命平均分摊到各期的一种方法。其计算公式如下：

年折旧额=（固定资产原值-预计净残值）÷预计使用年限

月折旧额=年折旧额÷12

在实际核算中，通常以折旧率计算固定资产的折旧额。其计算公式如下：

年折旧率=（1-预计净残值率）÷预计使用年限×100%

月折旧率=年折旧率÷12

月折旧额=固定资产原值×月折旧率

上述公式中，预计净残值率是预计净残值与原值的比率。

例 6-7：

甲公司一楼房于 2016 年 12 月投入使用，原值 120 000 元，预计净残值率为 2%，预计使用年限为 4 年。请计算每月应计提折旧额为多少？

年折旧额=120 000×（1-2%）÷4=29 400（元）

月折旧额=29 400÷12=2 450（元）

【特别提示】

此种方法的特点是计提每月折旧的基数是固定资产原值。

2. 工作量法

工作量法是指按照固定资产在整个使用期间预计可完成的总工作量计提折旧额的方法。其计算公式如下：

每一工作量折旧额=固定资产原值×（1-预计净残值率）÷预计总工作量

月折旧额=该固定资产当月工作量×每一工作量折旧额

例 6-8：

甲公司一辆运输卡车原值 40 000 元，预计净残值率为 5%，预计总工作量为 50 万千米，当月完成工作量 4 000 千米。请计算每月应计提折旧额为多少？

每一工作量折旧额=40 000×(1-5%)÷500 000=0.076（元/千米）

月折旧额=4 000×0.076=304（元）

（二）加速法

1. 年数总和法

年数总和法是一种加速折旧法，是将固定资产的原值减去预计净残值后的净额乘以一个逐年递减的分数计算每年折旧额，该分数的分子代表固定资产尚可使用的年数，分母代表使用年数的逐年数字总和。其计算公式如下：

年折旧率=尚可使用年限÷预计使用年限的年数总和×100%

月折旧率=年折旧率÷12

月折旧额=固定资产原值×(1-预计净残值率)×月折旧率

例 6-9：

以例 6-7 资料，采用年数总和法计算该楼房各年折旧额。

第一年折旧率=4÷(1+2+3+4)×100%=40%

折旧额=120 000×(1-2%)×40%=47 040（元）

第二年折旧率=3÷(1+2+3+4)×100%=30%

折旧额=120 000×(1-2%)×30%=35 280（元）

第三年折旧率=2÷(1+2+3+4)×100%=20%

折旧额=120 000×(1-2%)×20%=23 520（元）

第四年折旧率=1÷(1+2+3+4)×100%=10%

折旧额=120 000×(1-2%)×10%=11 760（元）

【特别提示】

此种方法的特点是计提折旧的基数是固定资产折旧总额，折旧总额并没有发生变化，只是每年的折旧率在发生变化。

2. 双倍余额递减法

双倍余额递减法是一种加速折旧法，是在不考虑固定资产预计净残值的情况下，根据每期固定资产账面净值和双倍的平均法折旧率计算固定资产折旧的一种方法。其计算公式如下：

年折旧率=(2÷预计使用年限)×100%

月折旧率=年折旧率÷12

月折旧额=(固定资产原价-累计折旧)×月折旧率

双倍余额递减法不考虑固定资产的预计净残值，使用这种方法计算时，注意要使固定资产的账面折余价值等于固定资产的预计净残值，即在固定资产折旧年限到期的前两年内，将固定资产净值扣除预计净残值后的余额平均计算。

最后两年的年折旧额=(固定资产原价-预计净残值-累计折旧)÷2

【特别提示】

此种方法的特点是计提折旧的基数是固定资产的净值，并且每期的数据是变化的，折旧率是不发生变化的。最后两年必须改为直线法。

采用加速折旧法，在固定资产使用的早期多提折旧，后期少提折旧。加快折旧速度，目的是使固定资产成本在预计使用年限内加快得到补偿。

例 6-10：

以例 6-7 资料，采用双倍余额递减法计算该楼房各年折旧额。

年折旧率 = 2÷4×100% = 50%

预计净残值 = 120 000×2% = 2 400（元）

第一年折旧额 = 120 000×50% = 60 000（元）

第二年折旧额 =（120 000−60 000）×50% = 30 000（元）

最后两年采用直线法计算折旧：

第三年和第四年折旧额 =（120 000−60 000−30 000−2 400）÷2 = 13 800（元）

四、固定资产计提折旧的会计处理

企业按月计提的固定资产折旧应根据用途计入相关资产的成本或者当期损益。例如，生产车间使用的固定资产，其折旧记入“制造费用”账户；管理部门使用的固定资产，其折旧记入“管理费用”账户；销售部门使用的固定资产，其折旧记入“销售费用”账户；经营租赁方式租出的固定资产，其折旧记入“其他业务成本”账户；未使用的固定资产，其折旧记入“管理费用”账户。

企业应设置“累计折旧”科目进行核算。该科目属于“固定资产”的备抵科目，用于核算企业固定资产的累计折旧。该科目贷方登记企业计提的固定资产折旧，借方登记处置固定资产转出的累计折旧，期末余额在贷方，反映企业固定资产的累计折旧额。

会计业务处理模板如下：

借：制造费用
　　在建工程
　　管理费用
　　销售费用
　　其他业务成本
　贷：累计折旧

例 6-11：

甲公司按规定计提本月固定资产折旧，生产部门固定资产折旧 20 000 元，管理部门固定资产折旧 3 000 元，专设销售部门固定资产折旧 700 元，经营性出租固定资产折旧 5 000 元，未使用房屋建筑物折旧 10 000 元。请编制计提折旧时的会计分录。

借：制造费用	20 000	
管理费用	13 000	
销售费用	700	
其他业务成本	5 000	
贷：累计折旧		38 700

第四节　固定资产后续支出

固定资产的后续支出是指固定资产在使用过程中发生的更新改造支出、修理费用等。固定资产后续支出的处理原则是：符合固定资产确认条件的，应当计入固定资产成本，同时将被替换部分的账面价值扣除；不符合固定资产确认条件的，应当计入当期损益。

一、资本化后续支出

企业的固定资产投入使用后，为了适应新技术发展的需要，或者为了提高固定资产使用效能，往往需要对现有固定资产进行改建、扩建或改良。

固定资产发生的可资本化的后续支出时，企业一般应将该固定资产的原价、已计提的累计折旧和减值准备转销，将其账面价值转入在建工程。在固定资产发生的后续支出完工达到预定可使用状态时，再从在建工程转为固定资产，并按重新确定的使用寿命、预计净残值和折旧方法计提折旧。

会计业务处理模板如下：

1. 停止使用进入改扩建时

借：在建工程
　　累计折旧
　　固定资产减值准备
　贷：固定资产

2. 发生各种改扩建费用

借：在建工程
　贷：银行存款
　　　库存现金
　　　应付账款
　　　应付票据

3. 改扩建完工达到预定可使用状态

借：固定资产
　贷：在建工程

4. 改造过程中发生的废料变现收入

借：库存现金
　　银行存款
　　应收账款
　贷：在建工程

例 6-12：

某企业 2016 年 3 月对某生产线改造，该生产线原价 1 800 万元，已提折旧 500 万元，2015 年 12 月 31 日已提减值准备 100 万元。在改造过程中，领用工程物资 155 万元，发生人工费用 50 万元，产生其他费用 60 万元（以银行存款支付）。在试运行中取得净收入 15 万元。在 2016 年 10 月改造完工投入使用，改造后生产线可使其产品产量实质性提高，该改造支出应予以资本化。请编制相应会计分录。

（1）2016 年 3 月转入改造，资本化的固定资产后续支出应当终止确认，被替换部分的账面价值视同处置将账面价值结转：

借：在建工程　　12 000 000
　　累计折旧　　5 000 000
　　固定资产减值准备　　1 000 000
　贷：固定资产　　18 000 000

（2）发生的改造支出，在实际发生时：

借：在建工程　　2 650 000
　贷：工程物资　　1 550 000
　　　应付职工薪酬　　500 000
　　　银行存款　　600 000

（3）取得试运行净收入，应冲减工程成本：

借：银行存款　　150 000
　贷：在建工程　　150 000

（4）完工结转，将更新改造后的固定资产重新入账：

借：固定资产　　14 500 000
　贷：在建工程　　14 500 000

二、费用化后续支出

企业的固定资产投入使用后，由于各个组成部分耐用程度不同或者使用条件不同，因而往往发生固定资产的局部损坏。为了保持固定资产的正常运转和使用，充分发挥其使用效能，就必须对其进行必要的后续支出。

固定资产的日常维护支出通常不满足固定资产的确认条件，应在发生时直接计入当期损益。企业生产车间和行政管理部门等发生的固定资产修理费用等后续支出记入“管理费用”账户；企业专设销售机构的，其发生的与专设销售机构相关的固定资产修理费用等后续支出，记入“销售费用”账户。固定资产更新改造支出不满足固定资产确认条件的，也应在发生时直接计入当期损益。

会计业务处理模板如下：

借：管理费用
　　销售费用
　贷：银行存款
　　　库存现金
　　　应付账款
　　　应付票据

第五节　固定资产的处置

一、固定资产终止确认的条件

固定资产处置的确认和计量实质上是指对固定资产终止的确认和计量。

固定资产满足下列条件之一的，应当予以终止确认：

第一，该固定资产处于处置状态。固定资产处置包括固定资产的出售、转让、报废或毁损、对外投资、非货币性资产交换、债务重组等。处于处置状态的固定资产不再用于生产商品、提供劳务、出租或经营管理，因此不再符合固定资产的定义，应予终止确认。

第二，该固定资产预期通过使用或处置不能产生经济利益。固定资产的确认条件之一是与该固定资产有关的经济利益很可能流入企业，如果一项固定资产预期通过使用或处置不能产生经济利益，那么就不再符合固定资产的定义和确认条件，应予终止确认。

二、固定资产处置的核算

（一）固定资产处置核算的账户设置

企业出售、转让、报废固定资产和发生固定资产毁损，应当将处置收入扣除账面价值和相关税费后的金额计入当期损益。固定资产账面价值是固定资产成本扣减累计折旧和累计减值准备后的金额。

固定资产的处置一般通过“固定资产清理”账户核算。“固定资产清理”账户借方登记转入处置固定资产账面价值、处置过程中发生的费用和相关税金；贷方登记收回处置固定资产的价款、残料、变价收入和应由保险公司赔偿的损失。该账户期末借方余额反映尚未清理完毕的固定资产清理净损失；贷方余额反映尚未清理完毕的固定资产清理净收益。清理完毕后，该账户无余额。

（二）固定资产出售、报废、毁损的会计核算

会计业务处理模板如下：

1. 转入清理

借：固定资产清理

　　累计折旧

　　固定资产减值准备

　贷：固定资产

2. 发生的清理费用

借：固定资产清理

　贷：银行存款

库存现金
应付账款
应付票据
应交税费——应交增值税——销项税额

3. 出售收入、残料等的处理

借：银行存款
原材料
贷：固定资产清理

4. 清理净损益的处理

（若余额在固定资产清理账户借方）

借：营业外支出
贷：固定资产清理

（若余额在固定资产清理账户贷方）

借：固定资产清理
贷：营业外收入

例 6-13：

甲公司出售的一台生产设备，取得价款 22 万元，已收存银行；该设备原价 100 万元，已提折旧 80 万元；出售中发生相关费用 1 万元，已用银行存款支付。请编制相应会计分录。

（1）将固定资产转入清理：

借：固定资产清理	200 000	
累计折旧	800 000	
贷：固定资产		1 000 000

（2）反映清理费用：

借：固定资产清理	10 000	
贷：银行存款		10 000

（3）反映清理收入：

借：银行存款	220 000	
贷：固定资产清理		220 000

（4）结转清理的净收益：

借：固定资产清理	10 000	
贷：营业外收入		10 000

例 6-14：

甲公司出售一栋厂房，原值 450 000 元，已提折旧 180 000 元，不含增值税的出售价款为 280 000 元，税率为 11%，税款已收到并存入银行。以银行存款支付清理费用 10 000 元，残料列作原材料 6 000 元。请编制相应会计分录。

（1）固定资产转入清理：

借：固定资产清理	270 000	

累计折旧　　180 000

贷：固定资产　　450 000

(2) 借：银行存款　　310 800

贷：固定资产清理　　280 000

应交税费——应交增值税——销项税额　　30 800

(3) 支付清理费用：

借：固定资产清理　　10 000

贷：银行存款　　10 000

(4) 残料列作原材料入库：

借：原材料　　6 000

贷：固定资产清理　　6 000

(5) 结转清理净损失：

借：固定资产清理　　6 000

贷：营业外收入　　6 000

例 6-15：

甲公司因自然灾害毁损一设备，原值 400 000 元，已提折旧 380 000 元，经批准报废。在清理过程中，以银行存款支付清理费用 10 000 元，拆除的残料 20 000 元，列作原材料，另一部分变卖收入 2 000 元。请编制相应会计分录。

(1) 固定资产转入清理：

借：固定资产清理　　20 000

累计折旧　　380 000

贷：固定资产　　400 000

(2) 支付清理费用：

借：固定资产清理　　10 000

贷：银行存款　　10 000

(3) 出售收入和材料入库：

借：银行存款　　2 000

原材料　　20 000

贷：固定资产清理　　22 000

(4) 结转清理损失：

借：营业外支出——非常损失　　8 000

贷：固定资产清理　　8 000

第六节 固定资产清查

企业应定期或者至少于每年年末对固定资产进行清查盘点，以保证固定资产核算的真实性，充分挖掘企业现有固定资产的潜力。在固定资产清查过程中，如果发现盘盈、盘亏的固定资产，应填制固定资产盘盈盘亏报告表，并及时查明原因，按照规定程序报批处理。

一、固定资产盘亏的会计核算

固定资产的盘亏造成的损失，应当计入当期损益。

会计业务处理模板如下：

1. 发现盘亏时

借：待处理财产损溢——待处理固定资产损溢

　　累计折旧

　　固定资产减值准备

　贷：固定资产

2. 经批准处理

借：其他应收款

　　营业外支出——盘亏损失

　贷：待处理财产损溢——待处理固定资产损溢

二、固定资产盘盈的会计核算

固定资产的盘盈应作为前期差错直接记入“以前年度损益调整”账户。

会计业务处理模板如下：

1. 发现盘盈时

借：固定资产

　贷：以前年度损益调整

2. 调整应交的企业所得税

借：以前年度损益调整

　贷：应交税费——应交所得税

3. 结转以前年度损益调整账户余额

借：以前年度损益调整

　贷：利润分配——未分配利润

例 6-16：

甲公司对固定资产进行清查时发现盘亏设备一台，原值 9 800 元，已提折旧 400 元。经批准，该盘亏设备作营业外支出处理。盘盈电脑一台，重置成本 10 000 元。该企业所得税税率为 25%。请编制相应会计分录。

(1) 发现盘亏时:

借: 待处理财产损溢——待处理固定资产损溢	9 400	
累计折旧	400	
贷: 固定资产		9 800

(2) 对盘亏的固定资产经批准处理:

借: 营业外支出——盘亏损失	9 400	
贷: 待处理财产损溢——待处理固定资产损溢		9 400

(3) 发现盘盈时:

借: 固定资产	10 000	
贷: 以前年度损益调整		10 000

(4) 调整企业所得税:

借: 以前年度损益调整	2 500	
贷: 应交税费——应交企业所得税		2 500

(5) 结转盘盈损益:

借: 以前年度损益调整	7 500	
贷: 利润分配——未分配利润		7 500

【特别提示】

"以前年度损益调整"会计科目的余额只能转入"利润分配"会计科目中，而不能转入"本年利润"会计科目中。

第七节　固定资产减值的会计核算

一、固定资产减值概述

固定资产减值是指固定资产的可收回金额低于其账面价值。

企业在资产负债表日，应当判断固定资产是否存在可能发生减值的迹象。如果固定资产存在减值迹象，应当进行减值测试，估计固定资产的可收回金额。可收回金额低于账面价值的，应当按照可收回金额低于账面价值的金额计提减值准备。

固定资产减值迹象是固定资产是否需要进行减值测试的必要前提。固定资产可能发生减值的迹象主要从外部信息来源和内部信息来源两方面加以判断。

从企业外部信息来源来看，以下情况均属于固定资产可能发生减值的迹象，企业应该据此估计固定资产的可收回金额，决定是否需要确认减值损失:

第一，如果出现了固定资产的市价在当期大幅度下降，其跌价幅度高于因时间的推移或者正常使用而预计的下跌。

第二，如果企业经营所处的经济、技术或者法律等环境以及固定资产所处的市场在当期或者将在近期发生重大变化，从而对企业产生不利影响。

第三，如果市场利率或者其他市场投资报酬率在当期已经提高，从而影响企业计算固定资产预计未来现金流量现值的折现率，导致固定资产可收回金额大幅度降低等。

从企业内部信息来源来看，以下情况均属于固定资产可能发生减值的迹象，企业应该据此估计固定资产的可回收金额，决定是否需要确认减值损失：

第一，如果企业有证据表明固定资产已经陈旧过时或者计划实体已经损坏。

第二，如果固定资产已经或者将被闲置、终止使用或者计划提前处置。

第三，如果企业内部报告的证据表明固定资产的经济绩效已经低于或者将低于预期，比如固定资产所创造的净现金流量或者实现的营业利润远远低于原来的预算或者预计金额等。

二、固定资产减值的账务处理

固定资产可收回金额低于账面价值时，应当将固定资产的账面价值减记至可收回金额，减记的金额确认为固定资产减值损失，计入当期损益，同时计提相应的资产减值准备。因此，固定资产减值损失的确定应当在取得固定资产可收回金额后，根据可收回金额和账面价值相比较后获得。

固定资产减值损失一经确认，在以后期间不得转回。但是，遇到固定资产处置、出售、对外投资等情况，同时符合固定资产终止确认条件的，企业应当将固定资产减值准备予以转销。

会计业务处理模板如下：

借：资产减值损失

　贷：固定资产减值准备

【特别提示】

固定资产计提减值准备后，固定资产账面价值将根据计提的减值准备相应抵减。在未来期间计提折旧时，应当以新的固定资产账面价值为基础计提每期折旧。

例 6-17：

2016 年 12 月 31 日，甲公司的机器设备存在可能发生减值的迹象。经计算，该机器设备的可收回金额合计为 2 350 000 元，账面价值为 2 500 000 元，以前年度未对该机器设备计提过减值准备。请编制相应会计分录。

借：资产减值损失　　150 000

　贷：固定资产减值准备　　150 000

第七章 无形资产

【本章学习重点】

（1）无形资产的定义、特征及具体范围；
（2）无形资产的初始计量；
（3）无形资产的后续计量；
（4）无形资产的处置。

第一节 无形资产概述

一、无形资产的含义和特征

根据企业会计准则的规定，无形资产是指企业拥有或控制的没有实物形态的可辨认非货币性资产。正确理解无形资产的概念，对于正确核算无形资产及其信息披露都是非常重要的。相对于其他资产，无形资产具有以下特征：

（一）无形资产必须是由企业拥有或控制的

这里强调了无形资产的实际控制权，包括以下两个方面：一方面是无形资产的所有权必须是企业所有的，它的取得方式可以是自行开发、外购、投资者投入或者其他交易换入等，如专利权、著作权、商标权等；另一方面是对于所有权不归企业所有但企业能实际控制的，企业在获得其使用权时可以确认为无形资产，如土地使用权。

（二）无形资产没有实物形态但可辨认

无形资产与其他资产的显著区别就是没有实物形态，通常表现为某种权利或者某项技术，如专利权、非专利技术、商标权等。但是并非所有没有实物形态的资产都属于无形资产，无形资产还必须具有可辨认性。可辨认性是指无形资产可以从企业中分离或者划分出来，可以用于出售、转移或者交换的，比如专利权、著作权；或者是根据合同规定可以授权使用的，比如特许权。在最新的企业会计准则中明确规定了商誉不属于无形资产，因为它无法与企业分开，不具有可辨认性。

（三）无形资产属于非货币性资产

非货币性资产是指企业持有的货币资金和将以固定或可确定的金额收取的资产以外的其他资产。也就是说，无形资产由于没有发达的交易市场，一般不容易转化为现金，在持有过程中为企业带来的经济利益的情况是不确定，不属于以固定或可确定的金额收取的资产，属于非货币性资产。

二、无形资产的内容

无形资产通常包括专利权、商标权、土地使用权、著作权、特许权、专有技术等。

（一）专利权

专利权是发明创造人或其权利受让人对特定的发明创造在一定期限内依法享有的独占实施权。

（二）商标权

商标权是指商标主管机关依法授予商标所有人对其注册商标受国家法律保护的专有权。商标是用以区别商品和服务不同来源的商业性标志，由文字、图形、字母、数字、标志等组成。商标注册人依法拥有商标的排他使用权、收益权、处分权等。

（三）土地使用权

土地使用权是指单位或者个人依法或依约定，对国有土地或集体土地所享有的占有、使用、收益和有限处分的权利。按照《中华人民共和国土地管理法》的规定，土地实行公有制，凡具备法定条件者，依照法定程序都可以取得土地使用权，成为土地使用权的主体，土地使用权可以出让、转让、买卖、出租、抵押。

（四）著作权

著作权又称为版权，是指著作权人对文学、艺术或科学作品依法享有的财产权利和人身权利的总称。其中，著作人身权包括公开发表权、姓名表示权等；著作财产权包括重制权、公开播送权、公开传输权、改作权、散布权、出租权等。

（五）特许权

特许权是指特许人授予受许人的某种权利。在该权利下，受许人可以在约定的条件下使用特许人的某种工业产权或知识产权，如商标特许经营、产品特许经营、生产特许经营、品牌特许经营、专利及商业秘密特许经营和经营模式特许经营等。

（六）专有技术

专有技术也称非专利技术，指先进、实用但未申请专利的技术秘密（诀窍），包括设计图纸、配方、数据公式以及技术人员的经验和知识等。

三、无形资产的确认

（一）无形资产的确认条件

根据企业会计准则的规定，除了满足无形资产的定义外，还必须满足以下两个条件才能确认为无形资产：一是与该无形资产有关的经济利益很可能流入企业；二是该无形资产的成本能够可靠计量。

企业会计准则规定，企业在判断无形资产产生的经济利益是否很可能流入时，应当对无形资产在预计使用寿命内可能存在的各种经济因素进行合理估计，并且应当有明确证据支持。比如必须考虑是否存在相关的新技术、新产品的冲击，考虑与无形资产相关的技术或赖以生产的产品市场等。总之，在实施判断时，企业的管理部门应对无形资产在预计使用年限内存在的各种因素提出稳健的估计。

成本能够可靠计量是无形资产确认的一项重要条件，无形资产的成本计量方法应根据其取得方式的不同而不同。对于外购的无形资产，以实际支付的价款作为实际成本。对于企业自创的商誉，由于其产生过程的成本无法可靠计量，因此不能确认为无形资产。

（二）研究开发项目支出的确认

企业内部研究开发项目的支出，应当区分研究阶段支出与开发阶段支出。

1. 研究阶段支出

研究阶段是指为获取并理解新的科学或技术知识而进行的独创性的有计划调查。其特点在于研究阶段是探索性的，为进一步的开发活动进行资料及相关方面的准备。从已经进行的研究活动看，将来是否转入开发、开发后是否会形成无形资产等具有较大的不确定性。因此，企业内部研究开发项目研究阶段的有关支出，应当于发生时费用化，计入当期损益，不确认无形资产。

2. 开发阶段支出

开发阶段是指在进行商业性生产或使用前，将研究成果或其他知识应用于某项计划或设计，以生产出新的或具有实质性改进的材料、装置、产品等。开发阶段相对于研究阶段而言，应当是已完成研究阶段的工作，在很大程度上具备了形成一项新产品或新技术的基本条件。

企业内部研究开发项目开发阶段的支出，同时满足下列条件的，才能确认为无形资产，否则计入当期损益：一是完成该无形资产以使其能够使用或出售且在技术上具有可行性；二是具有完成该无形资产并使用或出售的意图；三是无形资产产生经济利益的方式包括能够证明运用该无形资产生产的产品存在市场或无形资产自身存在市场，无形资产将在内部使用的，应当证明其有用性；四是有足够的技术、财务资源和其他资源支持，以完成该无形资产的开发，并有能力使用或出售该无形资产。

3. 无法区分研究阶段支出和开发阶段支出

应当将其所发生的研发支出全部费用化，计入当期损益（管理费用）。

例 7-1：

甲公司在成立初期发生以下业务：支付开办费 5 万元，为获得土地使用权支付土地出让金 5 000 万元，支付开发新技术过程中发生研究开发费 100 万元。请判断该企业应作为无形资产入账的是哪些?

（1）开办费 5 万元应先在长期待摊费用中归集，待企业开始生产经营当月一次计入开当月的管理费用。

（2）为获得土地使用权支付的土地出让金 5 000 万元应作为无形资产入账。

(3) 企业研究阶段支出的100万元应全部费用化，计入当期损益（管理费用）。因为根据有关规定，开发阶段的支出符合资本化条件的才能确认为无形资产；不符合资本化条件的计入当期损益（管理费用）；无法区分研究阶段支出和开发阶段支出，应当将其所发生的研发支出全部费用化，计入当期损益（管理费用）。本例中的研究开发费100万元无法区分研究阶段支出和开发阶段支出，因此应计入当期损益中。

第二节　无形资产的初始计量

一、无形资产初始计量的方法

无形资产的初始计量是指对取得的无形资产入账价值的计算，通常是按实际成本计量，包括取得无形资产并使之达到预定用途而发生的全部支出。根据取得无形资产的方式的不同，无形资产的初始计量的方法也有所区别。

(一) 外购的无形资产成本

外购无形资产的成本包括购买价款、相关税费以及直接归属于使该项资产达到预定用途所发生的其他支出。其中，其他支出指的是使无形资产达到预定用途之前所发生的专业服务费用、测试费等，但不包括为引入新产品进行宣传发生的广告费、管理费用及其他间接费用，也不包括在无形资产已经达到预定用途以后发生的费用。

如购买无形资产的价款超过正常信用条件延期支付，实质上具有融资性质的，无形资产的成本以购买价款的现值为基础确定。实际支付的价款与购买价款的现值之间的差额，除按照《企业会计准则第17号——借款费用》应予资本化的以外，应当在信用期间计入当期损益。

(二) 投资者投入的无形资产成本

对于投资者投入的无形资产的成本，应当按照投资合同或协议约定的价值确定。在投资合同或协议约定价值不公允的情况下，应按无形资产的公允价值入账，所确认的初始成本与实收资本或股本之间的差额调整资本公积。

(三) 自行开发的无形资产成本

企业会计准则规定，自行开发的无形资产成本包括自满足无形资产的确认条件后至达到预定用途前所发生的支出总额，包括开发过程中发生的材料费用、直接参与开发人员的工资及福利费、开发过程中发生的租金、借款费用、注册费、聘请律师费。

不符合资本化条件的开发支出应计入当期损益（管理费用）；企业研究阶段的支出全部费用化，应计入当期损益（管理费用）；无法区分研究阶段支出和开发阶段支出，应当将其所发生的研发支出全部费用化，计入当期损益（管理费用）。

在确认前已经计入各期费用的研究与开发费用，在无形资产研发获得成功并依法申请权利时，不得再将原已计入损益的研究与开发费用资本化转作无形资产。

无形资产在确认后发生的后续支出，如宣传活动支出，应在发生当期确认为费用。

（四）土地使用权的成本

企业取得的土地使用权通常应确认为无形资产。土地使用权用于自行开发建造厂房等地上建筑物时，土地使用权的账面价值不与地上建筑物合并计算其成本，而仍作为无形资产进行核算，土地使用权与地上建筑物分别进行摊销和计提折旧。

如果企业外购的土地与建筑物一同支付的，价款应当在地上建筑物与土地使用权之间进行分配，分别确认为固定资产和无形资产。如果地上建筑物与土地使用权之间确实难以合理区分的，其土地使用权价值仍应确认为固定资产原价。如果改变土地使用权用途，用于赚取租金或资本增值的，应当将其转为投资性房地产。

对于房地产开发企业取得土地使用权用于建造对外出售的房屋建筑物，相关的土地使用权账面价值应当计入所建造的房屋建筑物成本。

二、无形资产初始计量核算的科目设置

根据企业会计准则的规定，企业应设置“无形资产”科目核算无形资产的增减情况。“无形资产”科目属于资产类科目，借方登记无形资产的取得成本，贷方登记转让、核销的成本，余额在借方，反映企业期末的无形资产成本。

为了核算企业进行研究与开发无形资产过程中发生的各项支出，企业还应设置“研发支出”科目，该科目属于成本类科目，借方登记实际发生的研发支出，贷方登记转为无形资产和管理费用的金额，借方余额反映企业正在进行中的研究开发项目中满足资产本化条件的支出。该科目可按研究开发项目分别设置“资本化支出”与“费用化支出”明细科目进行明细核算。“资本化支出”核算按照企业会计准则的规定，发生在开发阶段且符合无形资产确认条件的支出。“费用化支出”核算开发无形资产过程中发生的不满足资本化条件的支出。

三、无形资产初始计量的会计处理

（一）外购的无形资产的初始计量

会计业务处理模板如下：

借：无形资产

　贷：银行存款

　　　应付账款

　　　应付票据

例 7-2：

甲公司购入一项200 万元的专利权，另外还支付相关费用3 万元，款项已通过银行支付。请编制相应会计分录。

借：无形资产　　2 030 000

　贷：银行存款　　2 030 000

例 7-3：

甲公司申请取得土地使用权一项，以银行存款支付土地出让金300 万元。请编制相应会计分录。

借：无形资产——土地使用权　　3 000 000
　贷：银行存款　　3 000 000

（二）投资者投入的无形资产初始计量

会计业务处理模板如下：

借：无形资产
　贷：实收资本
　　　资本公积——资本溢价

例 7-4：

丙公司接受甲公司所拥有的专利权投资，双方协议价格为500万元，市场公允价值为480万元。丙公司注册资本为5 000万元，甲公司持有丙公司10%的股权。请编制相应会计分录。

借：无形资产　　5 000 000
　贷：实收资本　　5 000 000

（三）自行开发的无形资产的初始计量

会计业务处理模板如下：

1. 自行开发发生的各项支出

借：研发支出——费用化支出
　　　　　　——资本化支出
　贷：银行存款
　　　应付职工薪酬
　　　应付账款
　　　应付票据

2. 达到预定用途形成无形资产

借：无形资产
　贷：研发支出——资本化支出

3. 期末，企业应将“研发支出”科目归集的费用化支出金额转入当期管理费用

借：管理费用
　贷：研发支出——费用化支出

例 7-5：

甲公司于2016年3月1日开始自行开发成本管理软件，在研究阶段发生费用10万元，开发阶段发生开发费用100万元，开发阶段的支出满足资本化条件。2016年4月16日，甲公司自行开发成功该成本管理软件，并依法申请了专利，支付注册费1万元，律师费2.5万元。2016年5月20日，甲公司为向社会展示其成本管理软件，特举办了大型宣传活动，支付费用15万元。请确定无形资产的入账价值并进行相关账务处理。

（1）企业研究阶段发生的支出：

借：研发支出——费用化支出　　100 000
　贷：银行存款　　100 000

(2) 开发阶段发生的支出:

借:研发支出——资本化支出　　1 000 000

　贷:银行存款　　1 000 000

(3) 依法取得权利时发生的注册费、律师费等费用作为无形资产的实际成本。

借:无形资产　　35 000

　贷:银行存款　　35 000

(4) 在无形资产获得成功并依法申请取得权利时:

借:无形资产　　1 000 000

　贷:研发支出——资本化支出　　1 000 000

借:管理费用　　100 000

　贷:研发支出——费用化支出　　100 000

(5) 发生的宣传活动费用:

借:管理费用　　150 000

　贷:银行存款　　150 000

例 7-6:

某企业自行研究开发一项新产品专利技术,在研究开发过程中使用材料 3 000 000 元(增值税税率为 17%),购进时取得了增值税专用发票,发生人工费用 2 000 000 元以及其他费用 1 500 000 元(其他费用已通过银行存款支付)。其中,符合资本化条件的支出为 5 000 000 元。期末,该专利技术已经达到预定用途。请编制相应会计分录。

(1) 发生相关费用时:

借:研发支出　　7 010 000

　贷:原材料　　3 000 000

　　应交税费——应交增值税——进项税额转出　　510 000

　　应付职工薪酬　　2 000 000

　　银行存款　　1 500 000

(2) 期末,该专利技术已经达到预定用途时:

借:管理费用　　2 010 000

　无形资产　　5 000 000

　贷:研发支出　　7 010 000

第三节　无形资产的后续计量

无形资产的后续计量主要包括无形资产的摊销以及无形资产的减值计量。

一、无形资产的摊销

无形资产的摊销是指根据无形资产的有效受益年限等,按照无形资产的成本扣除残值或已计提的无形资产减值准备累计金额后,计算出每个会计期间应分摊的数额。

（一）无形资产摊销年限的确定

企业持有的无形资产，通常来源于合同性权利或是其他法定权利，并且合同规定或法律规定有明确的使用年限。

来源于合同性权利或是其他法定权利的无形资产，其使用寿命不应超过合同性权利或是其他法定权利的期限。例如，企业以支付土地出让金方式取得一块土地50年的使用权，如果企业准备持续持有，在50年期间内没有计划出售，该项土地使用权预期为企业带来未来经济利益的期间为50年。

如果合同性权利或是其他法定权利能够在到期时因续约等延续，并且有证据表明企业续约不需要付出大额成本，续约期应当计入使用寿命。

合同或法律没有规定使用寿命的，企业应当综合各方面情况判断，以确定无形资产能为企业带来未来经济利益的期限。例如，与同行业的情况进行比较、参考历史经验、聘请相关专家进行论证等。

企业确定无形资产的使用寿命，应当考虑以下因素：

第一，该资产通常的产品寿命周期、可获得的类似资产使用寿命的信息。

第二，技术、工艺等方面的现实情况及对未来发展的估计。

第三，以该资产生产的产品或服务的市场需求情况。

第四，现在或潜在的竞争者预期采取的行动。

第五，为维持该资产产生未来经济利益的能力预期的维护支出以及企业预计支付有关支出的能力。

第六，对该资产的控制期限，使用的法律或类似现值，如特许使用期间、租赁期间等。

第七，与企业持有的其他资产使用寿命的关联性等。

按照上述方法仍无法合理确定无形资产为企业带来经济利益期限的，该项无形资产应作为使用寿命不确定的无形资产。

使用寿命有限的无形资产，其应摊销金额应当在使用寿命内系统合理摊销。

（二）无形资产残值的确定

无形资产的残值一般为零，下列两种情况除外：

第一，有第三方承诺在无形资产使用寿命结束时愿意以一定的价格购买该项无形资产。

第二，存在活跃市场，通过市场可以得到无形资产使用寿命结束时的残值信息，并且从目前情况看，在无形资产使用寿命结束时，该市场还可能存在的情况下，无形资产可以存在残值。

残值确定以后，在持有无形资产的期间，至少应于每年年末进行复核，预计其残值与原估计金额不同的，应按照会计估计变更进行处理。

（三）无形资产的摊销方法

根据会计制度的规定，无形资产的摊销期自其可供使用时（即其达到能够按管理层预定的方式运作所必需的状态）开始至不再作为无形资产确认时为止。无形资产摊销方法，应该反映与该项无形资产有关的经济利益的预期实现方式，具体方法有工作量法、直线法等。无法可靠确定预期实现方式的，应当采用直线法摊销，即从取得无形资产的当月起，将无形资产的成本扣除残值或已计提的无形资产减值准备累计金额后，按确定的摊销期限平均摊入各期费用中。使用寿命不确定的无形资产不应摊销。

企业至少应当于每年年度终了，对使用寿命有限的无形资产的使用寿命及摊销方法进行复核。如果有证据表明无形资产的使用寿命及摊销方法与以前估计不同的，应当改变摊销期限和摊销方法。

企业应当在每个会计期间对使用寿命不确定的无形资产进行复核，如果有证据表明其寿命是有限的，则应估计其使用寿命并按照估计使用寿命进行摊销。

【特别提示】

无形资产自入账开始使用当期开始摊销，退出使用当期停止摊销。

二、无形资产摊销的会计核算

（一）科目设置

企业应按期（月）计提无形资产的摊销。为核算企业对使用寿命有限的无形资产计提的累计摊销，企业应设置“累计摊销”科目。该科目是无形资产的备抵科目，贷方登记企业计提的无形资产摊销，借方登记处置无形资产转出的累计摊销，期末为贷方余额，反映企业无形资产的累计摊销额。

（二）使用寿命有限的无形资产摊销的会计处理

企业会计准则规定，无形资产的摊销金额一般应当计入当期损益，如果某项无形资产包含的经济利益通过所生产的产品或其他资产实现的，其摊销金额应当计入相关资产的成本。

会计业务处理模板如下：

借：管理费用

　　其他业务成本等科目

　贷：累计摊销

例 7-7：

甲公司于 2016 年 1 月 1 日以银行存款 600 万元购入一项专利权。该项无形资产的预计使用年限为 10 年，该企业按直线法摊销无形资产。请计算 2016 年的摊销金额，并编制会计分录。

每年摊销金额 = 600÷10 = 60（万元）

借：管理费用——无形资产摊销　　600 000

　贷：累计摊销　　600 000

三、无形资产的处置和报废

无形资产的处置是指无形资产对外出租、出售、对外捐赠，或者是无法为企业带来经济利益时，应予转销并终止确认。

（一）转让无形资产所有权（即无形资产的出售）

企业出售无形资产，表明企业放弃该无形资产的所有权，应当将取得的价款与该无形资产账面价值的差额作为资产处置的利得或损失，计入当期损益。

会计业务处理模板如下：

借：银行存款

　　累计摊销

　　无形资产减值准备

　　营业外支出

　贷：无形资产

　　　银行存款

　　　应交税费——应交增值税——销项税额

　　　营业外收入

例 7-8：

甲公司将其拥有的一项专利权的所有权出售，取得不含增值税的收入 100 万元，增值税税率为 6%。该专利权的账面余额为 60 万元，已经计提的减值准备为 5 万元，累计摊销额为 10 万元。请编制相应会计分录。

借：银行存款	1 060 000	
累计摊销	100 000	
无形资产减值准备	50 000	
贷：无形资产——专利权		600 000
应交税费——应交增值税——销项税额		60 000
营业外收入——处置非流动资产利得		550 000

（二）转让无形资产使用权（即无形资产的出租）

无形资产出租是指企业将所拥有的无形资产的使用权让渡给他人，并收取租金。租金收入应按合同或协议规定计算确定，同时应确认无形资产出租的相关费用，以符合收入与费用相配比原则。

会计业务处理模板如下：

1. 出租无形资产，取得租金收入时

借：银行存款

　　库存现金

　　应收账款

　贷：其他业务收入

　　　应交税费——应交增值税——销项税额

2. 摊销出租无形资产的成本并发生与转让有关的各种费用支出时

借：其他业务成本等科目

　贷：累计摊销

　　　银行存款等科目

例 7-9：

2016 年 1 月 1 日，乙公司将一项专利技术出租给 A 企业使用，该专利技术账面余额为 800 万元，摊销期限为 10 年，出租合同规定，每年年初收取租金不含增值税的金额为 100 万元，增值税税率为 6%。请编制相应会计分录。

(1) 取得租金时：

借：银行存款	1 060 000	
贷：其他业务收入		1 000 000
应交税费——应交增值税——销项税额		60 000

(2) 按年对该项专利技术进行摊销：

借：其他业务成本	800 000	
贷：累计摊销		800 000

(三) 无形资产的报废

如果无形资产预期不能为企业带来未来经济利益，应将其报废并予以转销，其账面价值转作当期损益。企业在判断无形资产是否预期不能为企业带来经济利益时，应根据以下迹象加以判断：

第一，该无形资产是否已被其他新技术等替代，并且已不能为企业带来经济利益。

第二，该无形资产是否不再受法律的保护，并且不能给企业带来经济利益。

会计业务处理模板如下：

借：累计摊销

　　无形资产减值准备

　　营业外支出——处置非流动资产损失

　贷：无形资产

例 7-10：

丁公司拥有一项专利技术，根据市场调查，用其生产的产品已没有市场，决定应予转销。转销时，该项专利技术的账面余额为 1 000 万元，摊销期限为 10 年，已累计摊销 700 万元，已计提的减值准备为 200 万元，该项专利权的残值为零，采用直线法进行摊销，假定不考虑其他相关因素。请编制相应会计分录。

借：累计摊销	7 000 000	
无形资产减值准备	2 000 000	
营业外支出——处置非流动资产损失	1 000 000	
贷：无形资产——专利权		10 000 000

第八章　借款费用

【本章学习重点】

（1）借款费用的定义及范围；
（2）借款费用开始资本化的时点；
（3）借款费用暂停资本化的时间；
（4）借款费用资本化金额的确定；
（5）借款费用资本化的会计核算。

第一节　借款费用的定义及范围

一、借款费用

借款费用是因借入资金所付出的代价，包括借款利息、折价或溢价摊销、辅助费用以及因外币借款而发生的汇兑差额等。借款辅助费用包括手续费、佣金、印刷费等费用。

借款费用资本化原则是企业发生的借款费用可直接归属于符合资本化条件的资产的购建或者生产的，应计入相关资产成本，应当给予资本化；其他借款费用应当在发生时根据发生额确认为费用，计入当期损益。

企业借款包括专门借款和一般借款两类，专门借款是为购建或生产符合资本化条件的资产而专门借入的款项。例如，广州某公司为了建造一幢厂房从中国工商银行借款5 000万元，这类借款就是属于专门借款，具有明确用途。

一般性借款是相对于专门借款而言的，在借入时通常没有特指用于符合资本化条件的资产的购建或生产。

符合资本化条件的资产是指经过相当长时间的购建或生产活动才能达到预定可使用或可销售状态的固定资产、投资性房地产和存货等资产。

符合资本化条件的存货主要是房地产企业开发的用于对外出售的房地产开发产品、企业制造的用于对外出售的大型机械设备等。

在会计实务中，如果人为或故意等非正常因素导致资产的购建或生产时间相当长的，该资产不属于符合资本化条件的资产。购入时即可使用的资产，或者购入后需要安装但安装所需安装时间较短的资产，或者需要建造或生产但所需要的建造或生产时间较短的资产，均不属于符合资本化条件的资产。

二、借款费用开始资本化的时点

(一) 资产支出已经发生

这是指发生了支付现金、转移非现金资产或承担带息债务形式所发生的支出。例如，广州某公司于2016年6月计划建造一台生产设备，计划建造周期为3年，于2016年6月15日支付2 000 000元用购建该生产设备的某种材料的采购。又如，广州某公司于2016年6月计划建造一台生产设备，计划建造周期为3年，于2016年6月15日将本公司生产的某种产品500 000元出库用于该生产设备的建造，并且已经办妥了出库手续。

(二) 借款费用已经发生

这是指发生了因购建或者生产符合资本化条件的资产而专门借入款项的借款费用或者所占的一般借款的借款费用。例如，广州某公司于2016年6月计划建造一台生产设备，计划建造周期为3年，于2016年6月15日向中国建设银行广州分行借款5 000 000元，借款已经到账。从6月15日开始，该公司就要开始承担银行借款利息。

(三) 为使资产达到预定可使用或可销售状态所必要的购建或生产活动已经开始

这种情况不包括仅仅持有资产却没有发生为改变资产形态而进行实质上的建造或生产活动。例如，广州某公司于2016年6月计划建造一台生产设备，计划建造周期为3年，于2016年6月15日向中国建设银行广州分行借款5 000 000元，借款已经到账，同时组织有关工程技术人员开始了建造生产设备的具体工作。若取得了银行借款，而没有进行具体的建造活动，该项资产的购建活动并没有开始。

【特别提示】

借款费用开始资本化的三个条件应当同时具备，不能说具备了其中一项条件或两项条件，就开始借款费用资本化，这是不正确的。

三、借款费用暂停资本化的时间

在购建或生产过程中发生非正常中断且中断时间连续超过3个月的，应当暂停借款费用的资本化。

非正常中断是企业管理决策或其他不可预见的原因等所导致的中断。例如，企业与施工方发生了质量纠纷；工程、生产用料没有及时供应；资金周转发生了困难；施工、生产发生了安全事故；发生与资产购建、生产有关的劳动纠纷；等等。

正常中断是指因购建或生产符合资本化条件的资产达到预定可使用或可销售状态所必要的程序或事先可预见的不可抗力因素导致的中断。

例如，广州某公司为了建造一台生产设备，建造到了一定阶段后，该工程必须暂停，由当地质量技术监督部门进行质量或安全检查，这属于正常中断。由于不可预见的不可抗力因素导致施工出现停顿，也属于正常中断。

四、借款费用停止资本化的时点

第一，符合资本化条件的资产实体建造或生产工作已经全部完工或实质上已经完工。

第二，所购建或生产符合条件的资产与设计要求、合同规定或生产要求相符或者基本相符，即使个别与设计、合同或生产要求不相符，也不影响其正常使用。

第三，继续发生在所购建或生产的符合资本化条件的资产上的支出金额很少或者几乎不再发生。

五、借款费用资本化金额的确定

第一，为购建或生产符合资本化条件的资产而借入专门借款的，应当以专门借款当期实际发生的利息费用减去尚未动用借款资金存入银行取得的利息收入或进行暂时投资取得的投资收益后的金额确定。

第二，为购建或生产符合资本化条件的资产而占用了一般性借款的，企业应当根据累计资产支出超出专门借款部分的资产支出加权平均数乘以所占用的一般借款的资本化率，计算确定一般借款应予资本化的利息金额。资本化利率应当根据一般借款加权平均利率计算确定。

第三，每一会计期间的利息资本化金额，不应当超过当期相关借款实际发生的利息金额。

第二节　专门借款的会计核算

专门借款的会计核算的相关计算公式如下：

当年利息总额=专门借款本金×专门借款年利率×当年贷款实际时间÷12

当年利息收入或投资收益额=短期投资金额(专门借款账户存款金额)×年投资收益率(或存款利率)

资本化金额=当年利息总额-当年利息收入或投资收益额

例 8-1：

广州某公司于 2015 年 1 月 1 日正式动工兴建一幢办公楼，工期预计为 2 年，工程采用出包方式，分别于 2015 年 1 月 1 日、2015 年 7 月 1 日、2016 年 1 月 1 日和 2016 年 7 月 1 日支付工程款。该公司为此于 2015 年 1 月 1 日专门借款 2 500 万元，借款期限为 3 年，年利率为 6%。另外，该公司又于 2015 年 7 月 1 日专门借款 5 000 万元，借款期限为 5 年，年利率为 7%，借款利息按年支付。闲置的借款资金均用于固定收益债券短期投资，该短期投资月收益为 0.4%。

该公司为建造办公大楼发生的支出如表 8-1 所示。

表 8-1　　该公司为建造办公大楼发生的支出　　单位：万元

日期	每期支出金额	累计支出金额	短期投资金额
2015.01.01	2 000	2 000	500
2015.07.01	2 500	4 500	3 000
2016.01.01	1 500	6 000	1 500
2016.07.01	1 500	7 500	0
总计	7 500		5 000

请进行计算，并编制相应会计分录。

2015 年专门借款利息金额=2 500×6%+5 000×7%×6÷12=325（万元）

2016 年专门借款发生的利息金额=2 500×6%+5 000×7%=500（万元）

2015 年短期投资收益=500×0.4%×6+3 000×0.4%×6=84（万元）

2016 年短期投资收益=1 500×0.4%×6=36（万元）

2015 年资本化金额 325-84=241（万元）

2016 年资本化金额 500-36=464（万元）

2015 年 12 月 31 日账务处理如下：

借：在建工程　　2 410 000
　　应收利息或银行存款　　840 000
　贷：应付利息　　3 250 000

2016 年 12 月 31 日账务处理如下：

借：在建工程　　4 640 000
　　应收利息或银行存款　　360 000
　贷：应付利息　　5 000 000

例 8-2：

广州某公司于 2015 年 1 月 1 日正式动工兴建一幢办公楼，工期预计为 2 年，工程采用出包方式，分别于 2015 年 1 月 1 日、2015 年 7 月 1 日、2016 年 1 月 1 日和 2016 年 7 月 1 日支付工程款。假定该公司建造办公楼没有专门借款，占用的都是一般性借款。

该公司向银行贷款 3 000 万元，期限为 2015 年 1 月 1 日至 2018 年 12 月 31 日，年利率为 6%，按年付息。

该公司发行公司债券 4 500 万元，2015 年 1 月 1 日发行，期限为 4 年，年利率为 8%，按年付息。

该公司为建造办公大楼发生的支出如表 8-2 所示：

表 8-2　　该公司为建造办公大楼发生的支出　　单位：万元

日期	每期支出金额	累计支出金额
2015.01.01	2 000	2 000
2015.07.01	2 500	4 500

表8-2(续)

日期	每期支出金额	累计支出金额
2016.01.01	1 500	6 000
2016.07.01	1 500	7 500
总计	7 500	

请进行计算，并编制相应会计分录。

资产年支出加权平均数=每期支出金额×当年使用月份÷12

一般性借款利率=(3 000×6%+4 500×8%)÷(3 000+4 500)= 7.2%

计算累计资产支出加权平均数如下：

2015年累计资产支出加权平均数=2 000×12÷12+2 500×6÷12=3 250（万元）

2016年累计资产支出加权平均数=6 000×12÷12+1 500×6÷12=6 750（万元）

2015年利息资本化金额=3 250×7.2%=234（万元）

2015年实际发生一般借款利息金额=3 000×6%+4 500×8%=540（万元）

2016年利息资本化金额=6 750×7.2%=486（万元）

2016年实际发生一般借款利息金额=3 000×6%+4 500×8%=540（万元）

2015年12月31日会计处理如下：

借：在建工程　　2 340 000

　　财务费用　　3 060 000

　贷：应付利息　　5 400 000

2016年12月31日会计处理如下：

借：在建工程　　4 860 000

　　财务费用　　540 000

　贷：应付利息　　5 400 000

第三节　借款辅助费用资本化金额的确定

辅助费用是企业为了借款而发生的必要费用，包括借款手续费、佣金等，对于企业来讲，若不发生这些费用，可能无法取得借款，因此可以这样讲，借款辅助费用是企业发生借款时不可或缺的费用，是借款费用的有机组成部分。

对于企业发生的专门借款辅助费用，在所购建或者生产的符合资本化条件的资产达到预定可使用状态或者可销售状态之前发生的，应当在发生时根据其发生金额予以资本化；在所购建或者生产的符合资本化条件的资产达到预定可使用或者可销售状态之后发生的，应当在发生时根据其发生金额确认为当期费用，计入当期损益。

第九章　负债

【本章学习重点】

（1）短期借款的会计核算；
（2）应交税费的会计核算；
（3）应付职工薪酬的会计核算；
（4）应付及预付款项的会计核算；
（5）长期借款的会计核算；
（6）应付债券的会计核算；
（7）长期应付款的会计核算。

第一节　流动负债的核算

一、负债的分类

负债分为流动负债和非流动负债两类，流动负债主要包括短期借款、应交税费、应付职工薪酬、应付账款、应付票据、预收账款等。非流动负债主要包括长期借款、应付债券、长期应付款等。

二、流动负债

（一）短期借款的会计核算

借款按照借款期限的长短分为短期借款和长期借款两类。

短期借款是企业向银行等金融机构或非金融机构借款的时间在一年（包含一年）以内的借款。

长期借款是企业向银行等金融机构或非金融机构借款的时间在一年以上的借款。

1. 会计账户的设置

（1）“短期借款”账户。该账户属于负债类账户，借入款项的本金放在账户的贷方进行核算，偿还借入款项的本金放在账户的借方进行核算。

（2）“应付利息”账户。该账户属于负债类账户，根据借款本金及利率计算出的应于将来支付的利息计入账户的贷方，将来支付后计入账户的借方。

（3）“财务费用”账户。该账户属于损益类账户，借方反映应计入的借款的利息及银行手续费的增加额，贷方反映应计入的借款的利息及银行手续费的减少额。

2. 会计业务处理模板

（1）借款发生时：

借：银行存款

　贷：短期借款

（2）计提利息时：

借：财务费用

　贷：应付利息

（3）偿还借款本金及利息时：

借：短期借款

　　应付利息

　贷：银行存款

例 9-1：

某公司因生产经营需要，于 2016 年 3 月 5 日从工商银行广州分行借款 500 000 元，利率为 6%，借款期限为 3 个月，3 个月后按期偿还借款本金及利息。请编制相应会计分录。

（1）借款发生时：

借：银行存款　　500 000

　贷：短期借款　　500 000

（2）计提利息时：

①3 月份计提利息时：

借：财务费用　　2 166.67

　贷：应付利息　　2 166.67

②4 月份计提利息时：

借：财务费用　　2 500

　贷：应付利息　　2 500

③5 月份计提利息时：

借：财务费用　　2 500

　贷：应付利息　　2 500

④6 月份计提利息时：

借：财务费用　　333.33

　贷：应付利息　　333.33

（3）偿还借款本金及利息时：

借：短期借款　　500 000

　　应付利息　　7 500

　贷：银行存款　　507 500

（二）应付及预收款项的会计核算

应付及预收款项主要包括应付账款、应付票据及预收账款三个方面内容。

1. 应付账款的会计核算

“应付账款”账户属于负债类账户，主要用于核算企业购买原材料、库存商品、周转材料及接受劳务时既没有通过银行付款也没有支付库存现金，又没有开出商业票据而形成的债务。

（1）若采用实际成本核算，会计业务处理模板如下：

借：原材料

库存商品

周转材料

应交税费——应交增值税——进项税额

贷：应付账款

例 9-2：

某公司于 2016 年 5 月 3 日购进生产用材料一批，数量为 2 500 个，不含税的单价为 10 元，取得了增值税专用发票，增值税税率为 17%，材料已经入库，发票账单已到，但款项没有支付。请编制相应会计分录。

借：原材料 25 000

应交税费——应交增值税——进项税额 4 250

贷：应付账款 29 250

（2）若采用计划成本核算，会计业务处理模板如下：

借：材料采购

应交税费——应交增值税——进项税额

贷：应付账款

例 9-3：

某公司于 2016 年 5 月 3 日购进生产用材料一批，数量为 2 500 个，不含税的单价为 10 元，取得了增值税专用发票，增值税税率为 17%，计划成本为 26 000 元，材料已经入库，发票账单已到，但款项没有支付。请编制相应会计分录。

借：材料采购 25 000

应交税费——应交增值税——进项税额 4 250

贷：应付账款 29 250

2. 应付票据的会计核算

商业票据按承兑人不同可以分为商业承兑汇票和银行承兑汇票，按票据是否带息可以分为带息的商业票据和无息的商业票据。商业票据的最长有效期是 6 个月。

（1）到期日的计算。由于商业票据有定日付款和定期付款两种类型，到期日的计算方法是不同的。

对于定期付款的商业票据，从签发日日期起开始计算，到下一个月的对应的日期就为一个月，依此类推，比较容易确定到期日。例如，某公司因采购一批商品，于 2016 年 5 月 6 日签发了一张为期 3 个月的商业承兑汇票，则到 6 月 6 日为一个月，到 7 月 6 日为两个月，到 8 月 6 日为三个月。

对于定日付款的商业票据，可以采用“算头不算尾”或“算尾不算头”的方式，按实际经历的天数进行计算，到期日的最后一天是法定节假日的，要依法进行顺延；若将票据开出给异地的债权人，到期日要另外加3天；若将票据开出给本地的债权人，到期日不需要另外加3天。

例9-4：

某公司（位于广州）因采购一批商品，于2016年5月6日签发了一张为期95天的商业承兑汇票给位于上海的供应商。请计算到期日是哪一天。

解析：若采用“算头不尾”的方法，原本到期日为2016年8月8日，即5月26天，加6月30天，加7月31天，加8月8天，由于该供应商位于上海，所以到期日就要另外加上3天，即8月11日。

（2）会计账户的设置。“应付票据”账户属于负债类账户，该账户的贷方反映因采购原材料、库存商品、周转材料及接受劳务形成债务而开出的商业票据，借方反映因偿还采购原材料、库存商品、周转材料及接受劳务形成债务而开出的商业票据。

（3）应付票据会计核算的会计业务处理模板如下：

借：原材料

　　库存商品

　　周转材料

　　应交税费——应交增值税——进项税额

　贷：应付票据

例9-5：

某公司于2016年5月3日购进生产用材料一批，数量为2 500个，不含税的单价为10元，取得了增值税专用发票，增值税税率为17%，材料已经入库，发票账单已到，开出为期3个月的无息商业承兑票据一张。请编制相应会计分录。

借：原材料　　25 000

　　应交税费——应交增值税——进项税额　　4 250

　贷：应付票据　　29 250

例9-6：

某公司于2016年5月1日购进生产用材料一批，数量为2 500个，不含税的单价为10元，取得了增值税专用发票，增值税税率为17%，材料已经入库，发票账单已到，开出为期2个月的带息商业承兑票据一张，利率为6%。2个月后该款项以银行存款支付。请编制相应会计分录。

借：原材料　　25 000

　　应交税费——应交增值税——进项税额　　4 250

　贷：应付票据　　29 250

计提5月利息时：

借：财务费用　　146. 25

　贷：应付票据　　146. 25

计提6月利息时：

借：财务费用　　146. 25

　贷：应付票据　　146. 25

偿还到期的商业票据时：

借：应付票据　　29 542.5

　贷：银行存款　　29 542.5

3. 预收账款的会计核算

“预收账款”账户属于负债类账户，该账户的贷方反映因销售等行为预收客户的金额，借方反映因提供商品或劳务而减少的债务金额。

会计业务处理模板如下：

（1）预收款项时：

借：银行存款

　　库存现金

　贷：预收账款

（2）提供商品或劳务时：

借：预收账款

　贷：主营业务收入

　　　其他业务收入

　　　应交税费——应交增值税——销项税额

【特别提示】

若提供商品或劳务金额超过已经预收的金额，差额的部分金额仍然通过“预收账款”账户进行会计处理。

会计业务处理模板如下：

借：银行存款

　　库存现金

　贷：预收账款

例 9-7：

某公司于 2016 年 5 月 16 日同甲公司签订了一份销售合同，销售 A 产品给甲公司，不含税单价为 50 元，销售数量为 200 个，增值税税率为 17%，当日以现金方式预收款项 5 000 元，5 月 20 日按合同规定向甲公司销售了全部产品，剩余款项通过银行全部收到。请编制相应会计分录。

（1）预收款项时：

借：库存现金　　5 000

　贷：预收账款　　5 000

（2）提供商品或劳务时：

借：预收账款　　11 700

　贷：主营业务收入　　10 000

　　　应交税费——应交增值税——销项税额　　1 700

（3）收到差额款项时：

借：银行存款　　6 700

　贷：预收账款　　6 700

（三）应交税费的会计核算

应交税费的内容主要包括增值税、消费税、资源税、房产税、城市维护建设税、土地使用税、车船使用税、印花税、企业所得税、个人所得税等。

1. 应交增值税的会计核算

（1）增值税的征税范围及税率。增值税征税范围及税率表如表 9-1 所示。

表 9-1　　最新增值税征税范围及税率表

纳税人	应税行为		具体范围	增值税税率
小规模纳税人	从事货物销售、提供加工修理修配劳、“营改增”的各项劳务			3%
一般纳税人	销售或进口货物（另有列举的货物除外）、提供加工修理修配劳务			17%
	粮食、食用植物油、鲜奶			13%
	自来水、暖气、冷气、热气、煤气、石油液化气、天然气、沼气、居民用煤炭制品			
	图书、报纸、杂志			
	饲料、化肥、农药、农机（整机）、农膜			
	国务院批准的其他货物			
	农产品（指各种动、植物初级产品）、音像制品、电子出版物、二甲醚、食用盐			
	交通运输服务	陆路运输服务	铁路运输服务、其他陆路运输服务	11%
		水路运输服务	程租业务、期租业务	
		航空运输服务	航空运输的湿租业务	
		管道运输服务	无运输工具承运业务	
	邮政服务	邮政普遍服务	函件、包裹	11%
		邮政特殊服务	邮政特殊服务	
		其他邮政服务	邮册等邮品销售、邮政代理等业务活动	
	电信服务	基础电信服务	基础电信服务	11%
		增值电信服务	增值电信服务	6%
	建筑服务	工程服务	工程服务	11%
		安装服务	安装服务	
		修缮服务	修缮服务	
		装饰服务	装饰服务	
		其他建筑服务	其他建筑服务	
	金融服务	贷款		6%
		直接收费金融服务		
		保险服务	人身保险服务、财产保险服务	
		金融商品转让	金融商品转让、其他金融商品转让	

表9-1（续）

纳税人	应税行为		具体范围	增值税税率
一般纳税人	研发和技术服务	研发服务		6%
		合同能源管理服务		
		工程勘察勘探服务		
		专业技术服务		
	信息技术服务	软件服务		6%
		电脑设计及测试服务		
		信息系统服务		
		业务流程管理服务		
		信息系统增值服务		
	文化创意服务	设计服务		6%
		知识产权服务		
		广告服务		
		会议展览服务		
	物流辅助服务	航空服务	航空地面服务、通用航空服务	6%
		港口码头服务		
		货运客运站服务		
		打捞救助服务		
		装卸搬运服务		
		仓储服务		
		收件服务	收件服务、分拣服务、派送服务	
	租赁服务	融资租赁服务	有形动产融资租赁服务	17%
			不动产融资租赁服务	11%
		经营租赁服务	有形动产经营租赁服务	17%
			不动产经营租赁服务	11%
	鉴证咨询服务	认证服务		6%
		鉴证服务		
		咨询服务		
	广播影视服务	广播影视节目（作品）制作服务		6%
		广播影视节目（作品）发行服务		
		广播影视节目（作品）播映服务		
	商务辅助服务	企业管理服务		6%
		经纪代理服务	货物运输代理服务、代理报关服务	
		人力资源服务		
		安全保护服务		

表9-1(续)

纳税人	应税行为		具体范围	增值税税率
一般纳税人	其他现代服务	其他现代服务		6%
	生活服务	文化体育服务	文化服务、体育服务	6%
		教育医疗服务	教育服务、医疗服务	
		旅游娱乐服务	旅游服务、娱乐服务	
		餐饮住宿服务	餐饮服务、住宿服务	
		居民日常服务		
		其他生活服务		
	销售无形资产	技术	专利技术、非专利技术	6%
		商标		
		商誉		
		著作权		
		其他权益性无形资产		
		自然资源使用权	海域使用权、探矿权、采矿权、取水权、土地使用权、其他自然资源使用权	
	销售不动产	建筑物		11%
		构筑物		11%
小规模纳税人销售自己使用过的固定资产，依照3%减2%征收。				

增值税一般纳税人和增值税小规模纳税人的划分标准如下：

从事货物生产或提供应税劳务的纳税人，年应税销售额在50万元（含50万元）以上，从事货物批发或零售的纳税人，年应税销售额在80万元（含80万元）以上的经有关国家税务机关批准可以认定为增值税一般纳税人；反之，从事货物生产或提供应税劳务的纳税人，年应税销售额在50万元以下，从事货物批发或零售的纳税人，年应税销售额在80万元以下的一般是增值税小规模纳税人。

（2）增值税发票。增值税发票可以分为增值税专用发票和普通发票。

①增值税专用发票的使用。一般情况下，一个增值税一般纳税人向另一个增值税一般纳税人销售货物或提供劳务时可以开具增值税专用发票。

②增值税普通发票的使用。若一个增值税一般纳税人向一个增值税小规模纳税人销售货物或提供劳务时只能开具增值税普通发票。若一个增值税一般纳税人向另一个增值税一般纳税人销售货物或提供劳务时，若后者可以接受增值税普通发票时，也可以开具增值税普通发票。

增值税小规模纳税人无论是向增值税小规模纳税人还是向增值税一般纳税人对外销售货物或提供劳务时，只能开具增值税普通发票。

【特别提示】

第一，若增值税小规模纳税人向增值税一般纳税人销售货物或提供劳务时，一般纳税人只能接受增值税专用发票而不能接受增值税普通发票的情况下，小规模纳税人只能委托当地国家税务机关代开增值税专用发票。

第二，当增值税小规模纳税人对外销售货物或提供劳务时，无论委托国家税务机关代开的增值税专用发票还是自己开具的增值税普通发票，都必须按照国家税务机关有关的税率计算当期应负担的增值税。

第三，当增值税一般纳税人对外销售货物或提供劳务时，无论是开具的增值税专用发票还是增值税普通发票，都必须按照国家税务机关有关的税率计算当期应负担的增值税销项税额。

第四，当增值税一般纳税人对外购买货物或劳务时，取得了增值税专用发票时，可以计算增值税的进项税额；当增值税一般纳税人对外购买货物或劳务时，取得了增值税普通发票时，是不能够抵扣增值税的进项税额的，购进货物或劳务时所支付的进项税额只能计入有关购进货物或劳务的成本。

（3）增值税一般纳税人增值税税额的计算。由于增值税是一种价外税，当期应缴纳的增值税需要经过多个步骤计算后才能确定，本期应缴纳的增值税等于本期销项税额合计数减去进项税额合计数。

①一般购进或销售行为的增值税税额的计算公式如下：

不含税的金额=含税的金额÷(1+增值税税率)

增值税销项(进项)税额=不含税的金额×增值税税率

例 9-8：

某公司（增值税一般纳税人）于 2016 年 5 月 20 日销售 F 材料一批给上海甲公司，数量为 5 000 个，含税销售单价为 2.34 元，取得了增值税专用发票，增值税税率为 17%，款项还没有收到。请计算增值税销项税额。

不含税的销售额=11 700÷(1+17%)=10 000（元）

增值税销项税额=10 000×17%=1 700（元）

例 9-9：

某公司（增值税一般纳税人）于 2016 年 6 月 1 日从北京乙公司购进商品一批，购进商品数量为 1 000 个，含税的购买单价为 5.85 元，款项通过银行已经支付，货物已经验收入库。取得了增值税专用发票，增值税税率为 17%。请计算增值税进项税额。

不含税的购买金额=5 850÷(1+17%)=5 000（元）

增值税进项税额=5 000×17%=850（元）

②购进免税农副产品增值税税额的计算公式如下：

购进货物进项税额=购进货物总金额×13%

购进货物的成本=购进货物总金额-购进货物进项税额

例 9-10：

某超市（增值税一般纳税人）从农民手中收购水果一批，为购进该批水果共向农民支付现金 62 万元，根据税法相关规定，已经开具农产品收购业务专用发票，货物已经验收入库。请计算购进货物增值税进项税额和购进货物的成本。

购进货物进项税额=620 000×13%=80 600（元）

购进货物的成本=620 000-80 600=539 400（元）

③购进货物取得增值税普通发票的税额的计算。

例 9-11:

某公司（增值税一般纳税人）于 2016 年 6 月 1 日从北京乙公司购进商品一批，购进商品数量为 1 000 个，含税的购买单价为 5.85 元，款项通过银行已经支付，货物已经验收入库。取得了增值税普通发票，增值税税率为 17%。请计算增值税进项税额和货物购买成本。

解析：此时由于该公司没有取得增值税专用发票，是不能计算增值税的进项税额的，所支付的增值税税额全部计入所购买的货物成本中，即货物的购买成本为 5 850 元。

（4）增值税会计科目的设置。为了正确核算企业的增值税税额，应当设置“应交税费——应交增值税——进项税额”“应交税费——应交增值税——销项税额”“应交税费——应交增值税——进项税额转出”“应交税费——应交增值税——出口退税”“应交税费——应交增值税——已交税金”“应交税费——应交增值税——转出未交增值税”“应交税费——应交增值税——转出多交增值税”“应交税费——应交增值税——出口抵减内销产品应纳税额”等多个三级会计科目。

【特别提示】

若没有进行会计明细科目的三级设置，最终是无法准确核算增值税的税额的。

各三级会计科目用途如下：

①“应交税费——应交增值税——进项税额”科目：用于核算购进货物或接受劳务时取得增值税专用发票计算的可以抵扣的税额。

②“应交税费——应交增值税——销项税额”科目：用于核算销售货物或提供劳务的金额计算的税额。

③“应交税费——应交增值税——进项税额转出”科目：用于核算由于改变了货物用途不能从销项税额中抵扣的进项税额。

④“应交税费——应交增值税——出口退税”科目：用于核算由于出口货物实行免抵退后计算而应当退回企业的税额。

⑤“应交税费——应交增值税——已交税金”科目：用于核算由于当期销售行为或提供劳务行为而已经缴纳的税额。

⑥“应交税费——应交增值税——出口抵减内销产品应纳税额”科目：用于核算由于出口货物应当退还的增值税进项税额同国内销售行为而应缴纳的增值税税额相抵减的税额。

⑦“应交税费——应交增值税——转出未交增值税”科目：用于核算应交增值税明细账的贷方大于借方的差额。

⑧“应交税费——应交增值税——转出多交增值税”科目：用于核算应交增值税明细账的贷方小于借方的差额。

（5）增值税的会计核算。

①增值税一般纳税人购进业务的会计核算。

第一，若企业对存货采用实际成本核算，会计业务处理模板如下：

借：原材料
　　库存商品
　　周转转材料
　　应交税费——应交增值税——进项税额
　贷：应付账款（既没有开出商业票据，也没有通过银行付款）
　　　应付票据（开出商业票据）
　　　银行存款（通过银行付款）

例 9-12：

广州某公司于 2016 年 6 月 10 日购进某种成品 500 个，不含税单价 80 元，取得了增值税专用发票，增值税税率为 17%，价款通过银行转账支付，货物已经入库。请编制相应会计分录。

借：库存商品	40 000	
应交税费——应交增值税——进项税额	6 800	
贷：银行存款		46 800

第二，若企业对存货采用计划成本核算，会计业务处理模板如下：

借：材料采购
　　应交税费——应交增值税——进项税额
　贷：应付账款（既没有开出商业票据，也没有通过银行付款）
　　　应付票据（开出商业票据）
　　　银行存款（通过银行付款）

例 9-13：

广州某公司于 2016 年 6 月 10 日购进某种成品 500 个，不含税单价 80 元，取得了增值税专用发票，增值税税率为 17%，价款通过银行转账支付，货物已经入库。计划单位成本为 90 元。请编制相应会计分录。

借：材料采购	40 000	
应交税费——应交增值税——进项税额	6 800	
贷：银行存款		46 800
借：库存商品	45 000	
贷：材料采购		40 000
材料成本差异		5 000

第三，若购进时没有取得增值税专用发票，所支付的增值税计入货物的成本中。

例 9-14：

广州某公司于 2016 年 6 月 10 日购进某种成品 500 个，含税单价 80 元，没有取得增值税专用发票，增值税税率为 17%，价款通过银行转账支付，货物已经入库。计划单位成本为 90 元。请编制相应会计分录。

借：材料采购	40 000	
贷：银行存款		40 000
借：库存商品	45 000	

贷：材料采购 40 000

材料成本差异 5 000

②增值税一般纳税人购进免税农产品的会计核算。

增值税一般纳税人在向农业生产单位和个人收购其自产的免税农产品的，可以开具农产品收购业务专用发票，并按规定计算进项税进行抵扣。增值税一般纳税人向农业生产单位收购免税农产品，要根据农业生产单位开具的普通发票填开农产品收购业务专用发票，并把农业生产单位开具的普通发票（发票联）作为农产品收购业务专用发票的附件。相关计算公式如下：

购进货物进项税额=购进货物总金额×13%

购进货物的成本=购进货物总金额-购进货物进项税额

例 9-15：

某超市（增值税一般纳税人）从农民手中收购水果一批，为购进该批水果共向农民支付现金 50 万元，根据税法相关规定，已经开具农产品收购业务专用发票，货物已经验收入库。请计算购进货物进项税额和购进货物的成本，并编制相应会计分录。

购进货物进项税额=500 000×13%=65 000（元）

购进货物的成本=500 000-65 000=435 000（元）

借：库存商品 435 000

应交税费——应交增值税——进项税额 65 000

贷：库存现金 500 000

③进项税额转出的会计核算。

当纳税人购进的货物或接受的应税劳务不是用于增值税应税项目而是用于非应税项目、免税项目或用于集体福利、个人消费等情况时，其支付的进项税额就不能从销项税项中抵扣。其主要情形如下：

第一，用于建造不动产的购进货物或者应税劳务。

例 9-16：

2016 年 5 月 8 日广州某公司将库存用于生产产品的钢材用于建造房屋出售，不含税的总金额为 1 000 000 元，购进时取得了增值税专用发票，增值税税率为 17%。请编制相应会计分录。

借：在建工程 1 170 000

贷：原材料 1 000 000

应交税费——应交增值税——进项税额转出 170 000

第二，用于免税项目的购进货物或者应税劳务。

例 9-17：

2016 年 5 月 8 日广州某公司将库存用于生产产品的某种原材料用于生产某种免税产品，不含税的总金额为 100 000 元，购进时取得了增值税专用发票，增值税税率为 17%。请编制相应会计分录。

借：生产成本 117 000

贷：原材料 100 000

应交税费——应交增值税——进项税额转出 17 000

第三，用于集体福利或个人消费的购进货物或者应税劳务。

例 9-18：

2016 年 5 月 8 日广州某公司将库存用于销售的某种产品作为福利分发给公司管理部门员工，不含税的总金额为 100 000 元，购进时取得了增值税专用发票，增值税税率为 17%。请编制相应会计分录。

借：管理费用 117 000

　贷：库存商品 100 000

　　应交税费——应交增值税——进项税额转出 17 000

第四，非正常损失的购进货物。

例 9-19：

2016 年 5 月 8 日广州某公司将因管理不善而霉变的原材料列作公司的营业外支出，不含税的原材料总金额为 100 000 元，购进时取得了增值税专用发票，增值税税率为 17%。请编制相应会计分录。

借：营业外支出 117 000

　贷：原材料 100 000

　　应交税费——应交增值税——进项税额转出 17 000

第五，非正常损失的在产品、产成品所耗用的购进货物或者应税劳务。

例 9-20：

2016 年 5 月 10 日广州某公司用购进的某种材料来修理 4 月份因管理不善而损坏的产成品甲，该批材料购进时不含税的成本为 50 000 元，取得了增值税专用发票，增值税税率为 17%。请编制相应会计分录。

借：营业外支出 58 500

　贷：原材料 50 000

　　应交税费——应交增值税——进项税额转出 8 500

④视同销售行为的会计核算。

视同销售行为全称视同销售货物行为，是指不同于一般的销售行为，是一种特殊的销售行为，只是在税收的角度为了计税的需要将其“视同销售”。

目前税法中将以下八种行为归入视同销售行为：

第一，将货物交付他人代销。

例 9-21：

A 公司与乙公司签订了一份委托代销商品协议，乙公司为 A 公司代销某种商品 500 个，不含税代销价为 100 元，其成本为 90 元。一个月后 A 公司收到乙公司寄来的代销清单，已将此批产品全部销售出去。但乙公司最终的不含税实际销售单价为 120 元（视同买断行为）。请编制 A 公司发出商品时的会计分录。

借：应收账款 58 500

　贷：主营业务收入 50 000

　　应交税费——应交增值税——销项税额 8 500

第二，销售代销货物。对于受托方来讲，无论是采用视同买断方式还是采用收取手续费方式进行委托销售，都必须缴纳增值税，只是缴纳增值税的金额存在差异。

例 9-22：

A 公司与乙公司签订了一份委托代销商品协议，乙公司为 A 公司代销某种商品 500 个，不含税代销价为 100 元，其成本为 90 元。一个月后 A 公司收到乙公司寄来的代销清单，已将此批产品全部销售出去。代销手续费按销售收入的 1%计算。款项已通过银行支付。请编制 A 公司实际销售商品时的会计分录。

借：银行存款　　58 500

　贷：应付账款　　50 000

　　　应交税费——应交增值税——销项税额　　8 500

第三，非同一县（市）将货物从一个机构移送其他机构用于销售。

第四，将自产或委托加工的货物用于非应税项目。

例 9-23：

2016 年 6 月 12 日广州某公司将自产的钢材用于建造商品房出售，不含税的总金额是 500 000 元，增值税税率为 17%，市场上同类货物计价为 600 000 元。请编制相应会计分录。

借：在建工程　　602 000

　贷：库存商品　　500 000

　　　应交税费——应交增值税——销项税额　　102 000

第五，将自产、委托加工或购买货物作为投资，提供给其他单位或个体经营者。

例 9-24：

2016 年 6 月 12 日广州某公司将自产的甲产品投入 B 公司，占 B 公司注册资本的 60%，不含税的成本总金额是 500 000 元，增值税税率为 17%，市场上同类货物计价为 600 000 元。在此之前，两个公司不存在任何关联关系。请编制相应会计分录。

借：长期股权投资　　702 000

　贷：主营业务收入　　600 000

　　　应交税费——应交增值税——销项税额　　102 000

例 9-25：

2016 年 6 月 12 日广州某公司将自产的甲产品投入 B 公司，占 B 公司注册资本的 60%，不含税的成本总金额是 500 000 元，增值税税率为 17%。市场上同类货物计价为 600 000 元。在此之前，两个公司同时受 D 控制。请编制相应会计分录。

借：长期股权投资　　602 000

　贷：库存商品　　500 000

　　　应交税费——应交增值税——销项税额　　102 000

根据《中华人民共和国增值税暂行条例》的规定，这类项目被视同销售，因此需要计算销项税额。《中华人民共和国企业所得税法》也将其视同销售而要求并入企业应纳税所得额。在会计上此类事项是否作为销售处理则需要视具体情况而定。根据企业会计准则的规定，如果自产、委托加工货物用于投资属于“非同一控制下企业合并”，或者该项投资活动属于“企业合并以外的其他方式”，则会计上将此类投资也视同销售而相应确认销售收入，并结转销售成本，当然也需要按照税法规定计算销项税额。但是，如果相关货物用于投资而形成“同一控制下企业合并”时，会计上则根据实质重于形式要求，采用“权益结合法”进行确认计量，即按照货物的原账面价值转账。这其实意味着会计上并没有将此类事项作为销售，既不确认销售收入，也无所谓结转销售成本。

第六，将自产、委托加工或购买的货物分配给股东或投资者。

例 9-26：

2016 年 2 月 12 日广州某公司将自产的甲产品作为股利分给股东，不含税的成本总金额是 500 000 元，增值税税率为 17%，市场上同类货物计价为 600 000 元。请编制相应会计分录。

借：利润分配　　702 000

　贷：主营业务收入　　600 000

　　应交税费——应交增值税——销项税额　　102 000

第七，将自产或委托加工的货物用于集体福利或个人消费。

例 9-27：

2016 年 6 月 20 日广州某公司将自产的粽子作为福利分给管理部门员工，不含税的成本总金额是 50 000 元，增值税税率为 17%，市场上同类货物计价为 60 000 元。请编制相应会计分录。

借：管理费用　　70 200

　贷：主营业务收入　　60 000

　　应交税费——应交增值税——销项税额　　10 200

第八，将自产、委托加工或购买的货物无偿赠送他人。

例 9-28：

2016 年 2 月 12 日广州某公司将自产的甲产品捐赠给 A 公司，不含税的总金额是 500 000 元，增值税税率为 17%，市场上同类货物计价为 600 000 元。请编制相应会计分录。

借：营业外支出　　602 000

　贷：库存商品　　500 000

　　应交税费——应交增值税——销项税额　　102 000

⑤转出未交税金及未交税金的会计处理。

月份终了，根据应交增值税明细账，计算出当期应交的增值税，若应交增值税明细账的余额在贷方时，会计业务处理模板如下：

借：应交税费——应交增值税——转出未交增值税

　贷：应交税费——未交增值税

月份终了，根据应交增值税明细账，计算出当期应交的增值税，若应交增值税明细账的余额在借方时，会计业务处理模板如下：

借：应交税费——未交增值税

　贷：应交税费——应交增值税——转出多交增值税

【特别提示】

下月缴纳税款时，有部分款项是用于缴纳本期税款时，仍通过“应交税费——应交增值税——已交税金”科目核算；有部分款项是用于上期税款时，通过“应交税费——未交增值税”科目核算。

（6）增值税小规模纳税人的会计核算。对于小规模纳税人来讲，在一般情况下，购进货物时只能取得增值税普通发票，所支付的增值税全部计入采购货物的成本。

例 9-29：

某公司为增值税小规模纳税人，于 2016 年 6 月购进原材料一批，不含增值税单价为 15 元，增值税税率为 17%，取得了增值税普通发票，购买的数量为 80 个，款项通过银行支付，原材料已经入库。请编制相应会计分录。

借：原材料　　1 404

　贷：银行存款　　1 404

2. 应交消费税的会计核算

消费税主要是以生产或销售卷烟、酒及酒精、化妆品、鞭炮及焰火、成品油、汽车轮胎、摩托车、小汽车等行为产生的流转额为课税对象的一种税种。

不同的征税对象有着不同的税率。

消费税的计算方法如下：

（1）从量征税法，即根据销售数量征税。这种方法主要涉及汽油、柴油、黄酒及啤酒，前两者以升为单位征税，后两者以千克为单位征税。

（2）从价征税法，即根据销售的金额征税。这种方法的计算公式如下：

某期应纳的消费税 = 应纳消费税金额×税率

（3）从量与从价复合征税法。这种方法主要涉及卷烟、薯类白酒、粮食白酒。对于这类货物实行双重征税方法，既要按销售数量征税，又要按销售金额征税。

消费税的会计业务处理模板如下：

借：税金及附加

　贷：应交税费——应交消费税

例 9-30：

A 公司于 2016 年 7 月 16 日销售某种卷烟一批，共有 200 标准箱，每条售价 120 元（不含增值税）。每标准箱的定额税为 150 元，税率为 45%。每标准箱有 250 条香烟。请编制相应会计分录。

借：税金及附加　　2 730 000

　贷：应交税费——应交消费税　　2 730 000

按现行税法有关规定，委托加工的消费品收回后直接对外销售的，其已经缴纳的消费税直接计入委托加工消费品的成本，不再征收消费税。

委托加工的消费品收回后继续加工的，其已经缴纳的消费税允许从企业应缴纳的消费税额中抵扣。

委托加工后直接出售的会计业务处理模板如下：

（1）发生的加工费、委托加工的材料成本及发生的消费税的处理。

借：委托加工物资

　　应交税费——应交增值税——进项税额

　贷：原材料

　　　应付账款

　　　银行存款

　　　应付票据

（2）委托加工完成收回的处理。

借：库存商品

　　原材料

　贷：委托加工物资

例 9-31：

A 公司将一批应纳消费税的货物外发给 M 公司加工，该批原材料的成本为 10 万元，应支付加工费 2 万元（不含增值税），取得增值税专用发票。所有款项均没有支付，受托加工企业的增值税税率为 17%，消费税税率为 10%，该批产品收回后直接出售。请编制相应会计分录。

（1）发生的加工费、委托加工的材料成本及发生的消费税。

借：委托加工物资　　133 333. 33

　　应交税费——应交增值税——进项税额　　3 400

　贷：原材料　　100 000

　　　应付账款　　36 733. 33

（2）委托加工完成收回。

借：库存商品　　133 333. 33

　贷：委托加工物资　　133 333. 33

【特别提示】

此处要特别注意应纳消费税税额的计算过程，具体计算过程如下：

应纳的消费税=（委托加工的材料成本+加工费）÷（1-消费税税率）×消费税税率

委托加工的消费品收回后继续加工的会计业务处理模板如下：

（1）发生的加工费、委托加工的材料成本及发生的消费税的处理。

借：委托加工物资

　　应交税费——应交增值税——进项税额

　　应交税费——应交消费税

　贷：原材料

　　　应付账款

　　　银行存款

　　　应付票据

（2）加工完成收回的处理。

借：原材料

　　库存商品

　贷：委托加工物资

例 9-32：

A 公司将一批应纳消费税的货物外发给 M 公司加工，该批原材料的成本为 10 万元，应支付加工费 2 万元（不含增值税），所有款项均没有支付，受托加工企业的增值税税率为 17%，消费税税率为 10%，该批产品收回后还要继续加工才能出售。请编制相应会计分录。

（1）发生的加工费、委托加工的材料成本及发生的消费税。

借：委托加工物资	120 000	
应交税费——应交增值税——进项税额	3 400	
应交税费——应交消费税	13 333. 33	
贷：原材料		100 000
应付账款		36 733. 33

（2）加工完成收回。

借：原材料	120 000	
贷：委托加工物资		120 000

3. 应交资源税的会计核算

资源税是对在我国境内开采矿产品和盐的单位和个人所征收的一种税。

资源税的计算公式如下：

应纳税额=课税数量×单位税额

开采或者生产应税产品销售的，以销售数量为课税数量，开采或者生产应税产品自用的，以自用数量为课税数量。

收购未税矿产品代扣代缴的资源税作为收购矿产品的成本。

外购液体盐加工成为固体盐的，所购入液体盐缴纳的资源税可以抵扣本期应缴纳的税额。

资源税的会计业务处理模板如下：

借：税金及附加（对外销售）

　　制造费用（车间一般耗用）

　　生产成本（生产领用）

　贷：应交税费——应交资源税

例 9-33：

A 公司本期对外销售某种矿产品 2 000 千克，每千克资源税为 100 元，为生产某种产品本月领用了 500 千克。请编制相应会计分录。

借：税金及附加	200 000	
生产成本	50 000	
贷：应交税费——应交资源税		250 000

4. 应交房产税、车船使用税、土地使用税的会计核算

房产税是根据房产的原值减去一定数额后所征收的税种。税率分别有 1. 2%（房产

价值)、12%（租金收入)、4%（个人)。

土地使用税是根据所占用土地面积征收的税额，不同的地区税率是不同的。

房产税、车船使用税、土地使用税的会计业务处理模板如下：

借：税金及附加

贷：应交税费——应交房产税

应交税费——应交车船使用税

应交税费——应交土地使用税

例 9-34：

A 公司有一幢经营用房屋，其原值为 2 000 万元，按当地税法规定允许扣减 30%后的余值计税，适用税率为 1.2%。请编制相应会计分录。

借：税金及附加 168 000

贷：应交税费——应交房产税 168 000

5. 应交印花税的会计核算

印花税是对书立、领受、使用等行为征收税款的一种税。其税款不能通过“应交税费”科目进行核算，而只能通过“银行存款”或“库存现金”等会计科目进行账务处理。会计业务处理模板如下：

借：税金及附加

贷：银行存款

库存现金

6. 应交城市维护建设税、教育费附加的会计核算

城市维护建设税、教育费附加是根据当期应缴纳的增值税、消费税两者之和按一定比例计提的税额。

城市维护建设税实行差别比例税率，按照纳税人所在地的不同，税率分为三个档次，如表 9-2 所示：

表 9-2 城市维护建设税

适用范围	税率（%）	计税依据
市区	7	应缴纳的增值税、消费税税额
县城或镇	5	应缴纳的增值税、消费税税额
不在市区、县城或镇	1	应缴纳的增值税、消费税税额

计算公式如下：

应交城市维护建设税=(应缴增值税+应缴消费税)×适用税率

教育费附加的税率是固定的，全国统一为 3%。

计算公式如下：

应交教育费附加=(应缴增值税+应缴消费税)×适用税率

会计业务处理模板如下：

借：税金及附加

贷：应交税费——应交城市维护建设税

应交税费——应交教育费附加

例 9-35：

广州某公司 2016 年 6 月应缴纳增值税 300 000 元，消费税 50 000 元。请计算当期应纳的城市维护建设税及教育费附加，并做出适当的账务处理。

借：税金及附加　35 000

贷：应交税费——应交城市维护建设税　24 500

应交税费——应交教育费附加　10 500

【特别提示】

并不是所有税收的贷方金额都是通过“应交税费”会计科目进行会计核算的。

（四）应付职工薪酬的会计核算

职工薪酬是企业获得职工提供的服务给予或付出的各种形式的报酬以及其他相关支出。

企业的职工主要由三类人员组成：一是与企业订立劳动合同的所有人员；二是没有与企业订立劳动合同，但由企业正式任命的人员，如董事会成员、监事会成员等；三是在企业的计划和控制下，虽未与企业签订劳动合同或未由企业正式任命，但为其提供与职工类似服务的人员，如通过中介机构签订用工合同，为企业提供与本企业职工类似服务的人员。

职工薪酬是企业因职工提供服务而支付的所有对价，主要由以下几个部分组成：

第一，职工工资、奖金、津贴和补贴。津贴主要是指为了补偿职工特殊或额外的劳动消耗或其他特殊原因支付给职工的津贴。补贴主要是保证职工工资水平不受物价影响支付给职工的物价补贴等。

第二，职工福利费主要是指企业内设医务室、职工浴室、理发室、托儿所等集体福利机构人员的工资、医务经费、职工因公负伤赴外地就医路费、职工生活困难补助、未实行医疗统筹企业职工医疗费用以及按规定发生的其他职工福利支出。

第三，医疗保险费、养老保险费、失业保险费、工伤保险费和生育保险费等社会保险费。

第四，住房公积金。

第五，工会经费和职工教育经费。工会经费可以按工资总额的 2%计提，职工教育经费可以按工资总额的 2.5%计提。

第六，非货币性福利。这是企业以自己的产品或外购商品发放给职工作为福利，企业将自己拥有的资产或租赁资产提供给职工无偿使用等。

第七，因解除劳动合同关系而给予的补偿。企业在劳动合同到期之前解除与职工的劳动关系，或者为鼓励职工自愿接受裁减而提出补偿建议的计划中给予职工的经济补偿。

第八，其他获得职工提供的服务相关的支出。企业提供给职工以权益形式结算的认股权以及以现金形式结算但以权益工具公允价值为基础的现金股票增值权等。

1. 货币性职工薪酬的会计核算

生产一线人员工资记入“生产成本”账户中，车间管理人员工资记入“制造费用”账户中，管理部门人员工资记入“管理费用”账户中，销售部门人员工资记入“销售费用”账户中，在建工程人员工资记入“在建工程”账户中，开发无形资产发生的人员工资记入“研发支出”账户中。

会计业务处理模板如下：

（1）计提当月工资、医疗保险费、住房公积金、工会经费、职工教育经费时：

借：生产成本

制造费用

管理费用

销售费用

在建工程

研发支出——资本化支出

贷：应付职工薪酬——工资

应付职工薪酬——医疗保险费

应付职工薪酬——住房公积金

应付职工薪酬——工会经费

应付职工薪酬——职工教育经费

（2）代扣代缴个人所得税时：

借：应付职工薪酬

贷：应交税费——应交个人所得税

借：应交税费——应交个人所得税

贷：银行存款

（3）代扣代缴个人应承担的“五险一金”时：

借：应付职工薪酬

贷：银行存款

例 9-36：

根据表 9-3 所示资料，编制相应会计分录。

表 9-3　　广州市某公司 2016 年 6 月份工资表　　单位：元

部门	姓名	基本工资	职务工资	岗位工资	奖金	交通补贴	误餐补贴	应发合计	事假扣款	病假扣款	迟到扣款	旷工扣款	代扣水电	代扣五险一金	代扣个税	扣款合计	实发合计
财务部	李一	2 000	1 000	500	600	400	200	4 700	150					860	5.7	1 015.7	3 684.3
	李二	1 800	800	300	200	400	200	3 700		300				420		720	2 980
小计								8 400	150	300				1 280	5.7	1 735.7	6 664.3
采购部	张一	2 500	600	200	300	400	200	4 200			200			460	1.2	661.2	3 538.8
	张二	2 000	500	150	200	400	200	3 450	200					540		740	2 710
小计								7 650	200		200			1 000	1.2	1 401.2	6 248.8

表9-3(续)

部门	姓名	基本工资	职务工资	岗位工资	奖金	交通补贴	误餐补贴	应发合计	事假扣款	病假扣款	迟到扣款	旷工扣款	代扣水电	代扣五险一金	代扣个税	扣款合计	实发合计
人事部	王一	3 000	700	300	500	400	200	5 100						560	31.2	591.2	4 508.8
	王二	2 600	500	120	240	400	200	4 060		600				340		940	3 120
	王三	2 800	400	100	100	400	200	4 000						300	6	306	3 694
小计								13 160		600				1 200	37.2	1 837.2	11 322.8
工程开发部	万一	3 000	500	400	300	400	200	4 800						520	23.4	543.4	4 256.6
	万二	3 500	500	350	400	400	200	5 350						360	44	404	4 946
小计								10 150						880	67.4	947.4	9 202.6
车间办公室	陈一	3 000	600	300	400	400	200	4 900		250				450	21	721	4 179
	陈二	3 500	550	250	60	400	200	4 960	320					350	23.7	693.7	4 266.3
小计								9 860	320	250				800	44.7	1 414.7	8 445.3
车间生产线	董一	2 500	200	150	100	400	200	3 550			200			400		600	2 950
	董二	2 500	200	150	100	400	200	3 550						400		400	3 150
小计								7 100			200			800		1 000	6 100
销售部	汤一	2 000	200	300	0	400	200	3 100		700				350		1 050	2 050
	汤二	2 000	200	300	0	400	200	3 100						350		350	2 750
小计								6 200		700				700		1 400	4 800
总计								62 520	670	1 850	400			6 660	156.2	9 736.2	52 783.8

制表： 审核： 总经理：

(1) 计提当月工资时：

借：生产成本 6 900

制造费用 9 290

管理费用 37 910

销售费用 5 500

贷：应付职工薪酬——工资 59 600

(2) 代扣代缴个人所得税时：

借：应付职工薪酬 156.2

贷：应交税费——应交个人所得税 156.2

借：应交税费——应交个人所得税 156.2

贷：银行存款 156.2

(3) 代扣“五险一金”时：

借：应付职工薪酬 6 660

贷：银行存款 6 660

【特别提示】

为了正确地计提工资，务必认真审阅工资表各栏之间的数据关系。

2. 非货币性职工薪酬的核算

(1) 企业因解除与职工的劳动合同关系而给予职工一次性补偿时会计业务处理模板如下：

①根据补偿额计提时：

借：管理费用

　贷：应付职工薪酬

②支付时：

借：应付职工薪酬

　贷：银行存款

例 9-37：

广州某公司因对公司生产经营政策进行调整，决定裁减一部分员工，根据国家劳动法律法规相关规定，决定对这一部分被裁减的员工进行一次性补偿，补偿金额为 258 000 元，并以银行存款支付。请编制相应会计分录。

(1) 根据补偿额计提时：

借：管理费用	258 000	
贷：应付职工薪酬		258 000

(2) 支付时：

借：应付职工薪酬	258 000	
贷：银行存款		258 000

(2) 以自产产品或外购商品作为福利发放给公司员工。

企业以自产的产品作为非货币性福利发放给职工的，应当按照该产品的公允价值确认为主营业务收入，依据该产品的公允价值计算应缴纳的税费，并将主营业务收入和相关税费的金额计入应付职工薪酬总额中，其销售成本的结转和相关税费的处理与正常商品销售相同。

以外购商品作为非货币性福利提供给职工的，应当按照该产品的公允价值确认为主营业务收入，并依据该产品的公允价值计算应缴纳的税费，将主营业务收入和相关税费的金额计入应付职工薪酬总额中。

需要强调的是，在以自产或外购商品发给职工作为福利的情况下，企业应当先通过“应付职工薪酬”账户归集当期应计入成本费用的非货币性薪酬金额。

会计业务处理模板如下：

①归集福利费用时：

借：生产成本

　　制造费用

　　管理费用

　　销售费用

　　在建工程

　贷：应付职工薪酬

②发放相关福利物品时：

借：应付职工薪酬

  贷：主营业务收入

    应交税费——应交增值税——销项税额

例 9-38：

广州市某食品公司于2016年9月6日将自产的月饼作为中秋节福利发放给本公司员工（见表9-4），每盒月饼不含税的销售价格为80元，增值税税率为17%，每盒月饼的生产成本为50元。请编制相应会计分录。

表 9-4 中秋节月饼发放汇总表

部门	数量（盒）	单价（元）	总额（元）	含税总额（元）	签字
财务部	5	80	400	468	
人力资源部	2	80	160	187.2	
车间办公室	6	80	480	561.6	
车间生产线	40	80	3 200	3 744	
销售部	10	80	800	936	
合计	63		5 040	5 896.8	

制表：　　　　　　　　　　审核：

（1）归集福利费用时：

借：生产成本　　3 744

  制造费用　　561.6

  管理费用　　655.2

  销售费用　　936

  贷：应付职工薪酬　　5 896.8

（2）发放相关福利物品时：

借：应付职工薪酬　　5 896.8

  贷：主营业务收入　　5 040

    应交税费——应交增值税——销项税额　　856.8

（3）将自己拥有的房产无偿提供给公司员工使用或把租赁的房产无偿提供给公司员工使用。

将自己拥有的房产无偿提供给公司员工使用或把租赁的房产无偿提供给公司员工使用时，应当根据受益对象计入相关资产成本或当期损益中。管理部门人员使用时记入“管理费用”账户，车间一线工人使用时记入“生产成本”账户，车间管理人员使用时记入“制造费用”账户，销售部门人员使用时记入“销售费用”账户，在建工程部门人员使用时记入“在建工程”账户。

会计业务处理模板如下：

①归集福利费用时：

借：生产成本

　　制造费用

　　管理费用

　　销售费用

　　在建工程

　贷：应付职工薪酬

②计提折旧或支付房租时：

借：应付职工薪酬

　贷：累计折旧

　　　其他应付款

　　　银行存款

例 9-39：

广州某公司将工厂一幢房屋提供给公司员工无偿使用（见表 9-5），该幢房屋每月应当计提折旧额为 40 000 元。请编制相应会计分录。

表 9-5　　　　**房屋折旧明细分配表**　　　　单位：元

使用部门	分配折旧金额	签字
财务部	1 000	
销售部	4 000	
车间办公室	5 000	
车间生产线	30 000	
合计	40 000	

制表：　　　　　　　　审核：

（1）归集福利费用时：

借：生产成本　　30 000

　　制造费用　　5 000

　　管理费用　　1 000

　　销售费用　　4 000

　贷：应付职工薪酬　　40 000

（2）计提折旧或支付房租时：

借：应付职工薪酬　　40 000

　贷：累计折旧　　40 000

第二节　非流动负债的核算

一、长期借款的会计核算

长期借款是指企业从银行借入的期限在一年（不含一年）以上的款项。根据借款费用资本化原则，借款所产生的借款利息费用有些是需要计入在建工程成本中的，有些是需要计入财务费用中的。

会计业务处理模板如下：

（1）从银行获得借款时：

借：银行存款

　贷：长期借款

（2）计提利息时：

借：财务费用

　　在建工程

　贷：应付利息

（3）偿还本息时：

借：应付利息

　　长期借款

　贷：银行存款

例 9-40：

广州某公司于 2016 年 6 月 1 日向中国工商银行广州分行借入款项 100 万元，借款期限为 2 年，利率为 8%。该项借入资金主要用于流动资金周转，利息到期一次性支付。请编制相应会计分录。

（1）从银行获得借款时：

借：银行存款	1 000 000	
贷：长期借款		1 000 000

（2）每月计提利息时：

借：财务费用	6 667	
贷：应付利息		6 667

（3）偿还本息时：

借：应付利息	160 000	
长期借款	1 000 000	
贷：银行存款		1 160 000

二、长期应付款的会计核算

长期应付款是指除长期借款和应付债券以外的各种长期负债，主要包括的内容是应付融资租赁固定资产的租赁费、以补偿贸易方式引进生产设备发生的应付款项。

会计业务处理模板如下：

（1）引进设备产生长期应付款时：

借：固定资产

　　应交税费——应交增值税——进项税额

　贷：长期应付款

（2）用该项生产设备所生产的产品出口偿还引入设备款时：

借：长期应付款

　贷：主营业务收入

例 9-41：

广州市某公司于 2016 年 3 月 10 日同加拿大某公司签订引进甲生产设备的协议，由于广州市某公司资金紧张，经同加拿大公司协商，用该生产设备生产的 A 产品偿还引进该生产设备款。该生产设备引进后可以立即投入生产中，广州市某公司当年共向加拿大公司出口货物 650 万元。该项生产设备不含增值税的价格为 1 000 万元，海关代征增值税税率为 17%，预计可使用 10 年。请编制相应会计分录。

（1）引进设备产生长期应付款时：

借：固定资产	10 000 000	
应交税费——应交增值税——进项税额	1 700 000	
贷：长期应付款		11 700 000

（2）用该项生产设备所生产产品出口偿还引入设备款时：

借：长期应付款	6 500 000	
贷：主营业务收入		6 500 000

三、应付债券的会计核算

根据《中华人民共和国证券法》《中华人民共和国公司法》和《公司债券发行试点办法》的有关规定，发行公司债券，应当符合下列条件：

第一，股份有限公司的净资产不低于人民币 3 000 万元，有限责任公司的净资产不低于人民币 6 000 万元；本次发行后累计公司债券余额不超过最近一期期末净资产额的 40%；金融类公司的累计公司债券余额按金融企业的有关规定计算。

第二，公司的生产经营符合法律、行政法规和公司章程的规定，募集的资金投向符合国家产业政策。

第三，最近 3 个会计年度实现的年均可分配利润不少于公司债券 1 年的利息。

第四，债券的利率不超过国务院规定的利率水平。

第五，公司内部控制制度健全，内部控制制度的完整性、合理性、有效性不存在重大缺陷。

公司发行债券时，当市场利率高于票面利率时，会导致债券折价发行；当市场利率等于票面利率时，会导致债券平价发行；当市场利率低于票面利率时，会导致债券溢价发行。

为了正确核算发行债券成本、折价、溢价和利息费用，因此设置“应付债券——面值”科目、“应付债券——折价”科目、“应付债券——溢价”科目、“应付债券——利息调整”科目。

（一）平价发行的会计核算

会计业务处理模板如下：

1. 发行收到款项时

借：银行存款

　贷：应付债券——面值

2. 计提利息费用时

借：在建工程

　　财务费用

　贷：应付利息

3. 偿还本金和利息时

借：应付债券——面值

　　应付利息

　贷：银行存款

例 9-42：

广州某公司于 2016 年 1 月 1 日发行 2 000 万元企业债券，发行期限为 2 年，主要用于生产经营所需要的流动资金周转。发行当日银行同档利率为 8%，发行债券的票面利率为 8%，暂不考虑发行手续费等因素，款项已经全部收到存入公司账户中。按季计提利息，利息到期一次性支付。请编制相应会计分录。

（1）发行收到款项时：

借：银行存款	20 000 000	
贷：应付债券——面值		20 000 000

（2）2016 年第一季度末计提利息费用时：

借：财务费用	400 000	
贷：应付利息		400 000

这样的会计分录在两年内要做 8 笔。

（3）偿还本金和利息时：

借：应付债券——面值	20 000 000	
应付利息	3 200 000	
贷：银行存款		23 200 000

（二）折价发行的会计核算

当票面利率高于同期市场利率时，就会发生债券溢价发行的情形。债券的面值与实际发生价格之间的差额要采用实际利率法在债券的存续期间内进行摊销。

实际利率法是指按应付债券的实际利率计算其摊余成本及各期利息费用的方法。

实际利率是将应付债券在债券的存续期间内的未来现金流量折算为该债券当前账

面价值所采用的利率。

债券的发行价格=债券的面值×复利现值系数+每年应付利息×普通年金现值系数

通过此公式，利用管理会计的相关知识可以计算出实际利率。

会计业务处理模板如下：

1. 发行收到款项时

借：银行存款

　　应付债券——债券折价

　贷：应付债券——债券面值

2. 计提利息费用时

借：财务费用

　　在建工程

　贷：应付利息

　　　应付债券——债券折价

3. 支付利息时

借：应付利息

　贷：银行存款

4. 偿还本金和利息时

借：应付债券——债券面值

　贷：银行存款

例 9-43：

广州 A 股份有限公司于 2014 年 1 月 1 日发行一批债券，面值为 100 万元，票面利率为 8%，期限为 3 年，实际利率为 10%，发行价格为 95.025 2 万元。款项已存入银行。该笔款项用于流动资金运转。每年年末支付利息一次。利息分摊情况如表 9-6 所示。请编制相应会计分录（单位使用万元）。

表 9-6　　利息分摊一览表　　单位：万元

付息日期	支付利息 (1)= 面值×8%	利息费用 (2)= 上期(4)×10%	摊销的利息调整 (3)=(2)-(1)	应付债券摊余成本 (4)= 上期(4)+(3)
2014. 12. 31	8	9. 502 52	1. 502 52	96. 527 72
2015. 12. 31	8	9. 652 772	1. 652 772	98. 180 492
2016. 12. 31	8	9. 818 049 2	1. 819 508	100
合计	24		4. 974 8	

说明：第三年利息费用栏的金额为 9. 818 049 2 万元，第（2）与（1）的差额为 1. 818 049 2 万元，而第三年摊销的利息调整栏的金额为 1. 819 508，两者之间有 0. 001 458 8 的差额，是由于总的摊销额为 4. 978 万元影响造成的，也就是说第三年摊销的利息调整金额 1. 819 508=4. 978-1. 502 52-1. 652 772。

（1）发行收到款项时：

借：银行存款　　95. 025 2

　　应付债券——债券折价　　4. 974 8

贷：应付债券——债券面值 100

(2) 第一年计提利息时：

借：财务费用 9.502 52

贷：应付利息 8

应付债券——债券折价 1.502 52

支付第一年利息时：

借：应付利息 8

贷：银行存款 8

(3) 第二年计提利息时：

借：财务费用 9.652 772

贷：应付利息 8

应付债券——债券折价 1.652 772

支付第二年利息时：

借：应付利息 8

贷：银行存款 8

(4) 第三年计提利息时：

借：财务费用 9.819 508

贷：应付利息 8

应付债券——债券折价 1.819 508

支付第三年利息时：

借：应付利息 8

贷：银行存款 8

(5) 偿还时：

借：应付债券——债券面值 100

贷：银行存款 100

（三）溢价发行的会计核算

会计业务处理模板如下：

1. 发行收到款项时

借：银行存款

贷：应付债券——债券面值

应付债券——债券溢价

2. 计提利息费用时

借：财务费用

应付债券——债券溢价

贷：应付利息

3. 偿还本金和利息时

借：应付债券——债券面值

　贷：银行存款

例 9-44：

广州 A 股份有限公司于 2014 年 1 月 1 日发行一批债券，面值为 100 万元，票面利率为 10%，期限为 3 年，实际利率为 8%，发行价格为 105.151 万元。款项已存入银行。该笔款项用于流动资金运转。每年年末支付利息一次。利息分摊情况如表 9-7 所示。请编制相应会计分录（单位使用万元）。

表 9-7　　利息分摊一览表　　单位：万元

付息日期	支付利息 (1)=面值×10%	利息费用 (2)=上期(4)×8%	摊销的利息调整 (3)=(1)-(2)	应付债券摊余成本 (4)=上期(4)-(3)
2014.12.31	10	8.412 08	1.587 92	103.563 08
2015.12.31	10	8.285 046 4	1.714 953 6	101.848 126
2016.12.31	10	8.147 850 08	1.848 126 4	100
合计	30		5.151	

说明：第三年利息费用栏的金额为 8.147 850 08 万元，第（2）与（1）的差额为 1.852 149 92 万元，而第三年摊销的利息调整栏的金额为 1.848 126 4，两者之间有 0.004 023 52 的差额，是由于总的摊销额为 5.151 万元影响造成的，也就是说第三年摊销的利息调整金额 1.848 126 4=5.151-1.587 92-1.714 953 6。

（1）发行收到款项时：

借：银行存款	105.151	
贷：应付债券——债券面值		100
应付债券——债券溢价		5.151

（2）第一年计提利息时：

借：财务费用	8.412 08	
应付债券——债券溢价	1.587 92	
贷：应付利息——应计利息		10

支付第一年利息时：

借：应付利息——应计利息	10	
贷：银行存款		10

（3）第二年计提利息时：

借：财务费用	8.285 046 4	
应付债券——债券溢价	1.714 953 6	
贷：应付利息——应计利息		10

支付第二年利息时：

借：应付利息——应计利息	10	
贷：银行存款		10

(4) 第三年计提利息时：

借：财务费用	8.147 850 08	
应付债券——债券溢价	1.848 126 4	
贷：应付利息——应计利息		10

支付第三年利息时：

借：应付利息——应计利息	10	
贷：银行存款		10

(5) 第三年到期偿还时：

借：应付债券——债券面值	100	
贷：银行存款		100

第十章 收入、费用、利润

【本章学习重点】

(1) 收入确认的条件;
(2) 收入的会计核算;
(3) 费用的会计核算;
(4) 利润的会计核算。

第一节 收入的会计核算

一、收入的定义

收入是企业在日常活动中形成的，会导致所有者权益增加的，与所有者投入资本无关的经济利益的总流入。根据日常活动的性质，可以将收入分为商品销售收入、提供劳务收入、让渡资产使用权收入、建造合同收入等。

二、商品销售收入的确认条件

(一) 企业已经将商品所有权上的主要风险和报酬转移给购买方

与商品所有权有关的风险是指商品可能发生减值或毁损等形成的损失。与商品所有权有关的报酬是指商品价值增值或通过使用商品等形成的经济利益。

如果与商品所有权有关的任何损失均不需要销货方承担，与商品所有权有关的任何经济利益也不归销货方所有，就意味着商品所有权上的主要风险和报酬转移给了购货方。

通常情况下，转移商品所有权凭证或交付实物后，商品所有权上的所有风险和报酬随之转移，如大多数商品销售、预收款销售、订货销售、托收承付方式销售商品等。

采用托收承付方式销售商品时，在办妥托收手续时，表明商品所有权上的主要风险和报酬已经转移给购买方，因此可以确定为收入。

订货销售是指收到全部或部分货款而库存没有现货，需要通过购买等程序才能将商品交付购货方的销售方式。在这种方式下，企业通常在发出商品并符合收入确认条件时确认收入，在此之前预收的货款确认为负债。

预收款销售是指购买方在商品尚未收到前按合同约定分期付款，销售方在收到最后一笔款项时才交货的销售方式。企业应在发出商品时确认收入，在此之前预收的货款应当确认为负债。

某些情况下，转移商品所有权凭证或交付实物后，商品所有权上的主要风险和报酬随之转移，企业只保留商品所有权上的次要风险和报酬。例如，交款提货方式销售、视同买断方式委托代销商品等。

某些情况下，转移商品所有权凭证或交付实物后，商品所有权上的主要风险和报酬并未随之转移。

第一，企业销售的商品在质量、品种、规格等方面不符合同规定的要求，因而仍负有责任。

第二，收取手续费方式委托代销的产品在没有收到代销清单前，不能确认为收入已经实现。

第三，安装检验工作是商品销售合同的重要组成部分，在没有完成安装检验工作前，但安装程序比较简单或检验是为最终确定合同价格，可以在商品发出时或在商品装运时确认收入。

第四，销售合同中规定了购买方有退货的权利，在退货期满之前，不能确认为收入已经实现。

（二）企业没有保留与所有权相联系的管理权，也没有对已售出的商品实施有效控制

例如，房地产商在将建造的房产销售出去之后，失去了对房屋的所有权，可以组建一个物业公司对小区进行管理，但这种管理权与所有权没有任何关系。

（三）与交易相关的经济利益能够流入企业

销售商品价款收回的可能性大于不能收回的可能性，也就是说销售商品价款收回的可能性超过 50%。

（四）相关的收入和成本能够可靠计量

一方面，销售商品的收入金额是能够合理估计的就可以确认收入；反之销售商品的收入金额不能够合理估计，就无法确认收入。由于受某些客观因素的影响，商品销售价格会发生变动，因此在新的商品销售价格未确定前通常不应确认销售收入。

另一方面，企业对已销售商品的已经发生或将要发生的成本能够合理估计，就可以确认收入；反之在有些情况下，对销售商品相关的已经发生的或将发生的成本不能够合理估计，企业就不能确认为收入。

对所销售的商品既要能够准确知道它的售价，又要准确知道它的成本。

【特别提示】

在实际工作中，要判断一项销售行为是否成立，这四个条件要同时成立，否则是不能确认销售收入的。

三、商品销售收入的账务处理

（一）一般情况下商品销售收入的账务处理

1. 销售商品取得收入

销售商品取得收入时会计业务处理模板如下：

借：应收账款

应收票据

银行存款

库存现金

贷：主营业务收入

应交税费——应交增值税——销项税额

2. 结转商品的销售成本

结转商品的销售成本的会计业务处理模板如下：

借：主营业务成本

贷：库存商品

例 10-1：

广州某公司 2016 年 7 月 15 日销售甲产品一批，数量为 200 个，不含税销售单价为 60 元，增值税税率为 17%，该批产品的销售单位成本为 40 元。款项已经通过银行入账。请编制相应会计分录。

（1）销售商品取得收入时：

借：银行存款	14 040	
贷：主营业务收入		12 000
应交税费——应交增值税——销项税额		2 040

（2）结转商品的销售成本：

借：主营业务成本	8 000	
贷：库存商品		8 000

（二）出售原材料的会计处理

1. 出售原材料取得收入

出售原材料取得收入时会计业务处理模板如下：

借：应收账款

应收票据

银行存款

库存现金

贷：其他业务收入

应交税费——应交增值税——销项税额

2. 结转销售原材料的成本

结转销售原材料的成本的会计业务处理模板如下：

借：其他业务成本

贷：原材料

例 10-2：

广州某公司 2016 年 7 月 15 日销售甲材料一批给北京宏展公司，数量为 2 000 个，不含税销售单价为 50 元，增值税税率为 17%，该批材料的销售单位成本为 40 元。款项尚未收到。请编制相应会计分录。

(1) 出售原材料取得收入时：

借：应收账款 117 000

贷：其他业务收入 100 000

应交税费——应交增值税——销项税额 17 000

(2) 结转销售原材料的成本：

借：其他业务成本 80 000

贷：原材料 80 000

【特别提示】

在实际工作中，销售产品及原材料的成本并不是每取得一笔收入就马上结转销售商品及原材料的成本，而是要利用存货的成本结转方法在月末来结转销售商品及原材料的成本。在采用实际成本法进行核算时，可以采用先进先出法、一次加权平均法、移动加权平均法、后进先出法、个别计价法等方法进行结转成本。若采用计划成本法进行核算时，可以采用计划成本差异率进行结转成本。

(三) 销售产品时涉及商业折扣、现金折扣、销售折让的会计处理

商业折扣是企业为了提高商品的销售数量而给予客户的价格优惠。当商业折扣行为发生时，应当按照扣除商业折扣后价格确定商品销售收入金额。也就是说，发生商业折扣行为对企业销售收入的确认账务处理不会产生任何影响。

现金折扣是企业为了尽早收回货款而给予债务人的债务金额一定比例的优惠。企业应当按照发生现金折扣前的金额确认销售收入，当实际发生现金折扣时，将发生的现金折扣金额计入当期的财务费用中。

销售折让是企业在销售产品时因产品的质量、规格、型号等原因不符合合同的要求给予购买方的价格上的扣除。对于销售折让，应分两种情况进行处理：对于本年度的销售收入发生的销售折让，冲减本年度的销售收入；对于上一年的销售收入发生的销售折让，通过“以前年度损益调整”会计科目进行调整。

例 10-3：

广州某公司于 2016 年 5 月销售甲产品一批，不含税销售单价为 200 元，为了增加产品的销售数量，实行九折优惠销售。增值税税率为 17%。当月销售了 300 件，款项存入银行。销售单位成本为 150 元。请编制相应会计分录。

(1) 销售商品取得收入时：

借：银行存款 63 180

贷：主营业务收入 54 000

应交税费——应交增值税——销项税额 9 180

(2) 结转商品的销售成本：

借：主营业务成本　　45 000

　贷：库存商品　　45 000

例 10-4：

广州某公司于 2016 年 3 月销售甲产品一批给上海乙公司，不含税销售单价为 200 元，增值税税率为 17%，销售数量为 100 件，销售单位成本为 150 元。由于产品质量存在一些问题，4 月份经双方销售部门协商，给予一定价格折让，上海乙公司不再退货，每件商品的折让率为 10%。款项尚未收到。请编制相应会计分录。

(1) 销售商品取得收入时：

借：应收账款　　23 400

　贷：主营业务收入　　20 000

　　应交税费——应交增值税——销项税额　　3 400

(2) 结转商品的销售成本：

借：主营业务成本　　15 000

　贷：库存商品　　15 000

(3) 发生销售折让时：

借：主营业务收入　　2 000

　应交税费——应交增值税——销项税额　　340

　贷：应收账款　　2 340

【特别提示】

对于上一年的销售收入发生的销售折让，凡是会计账户涉及损益的必须通过“以前年度损益调整”会计账户进行调整。同时，将“以前年度损益调整”会计账户的余额只能转入“利润分配”账户中，而不能转入“本年利润”账户中。

调减上一年度的销售收入会计业务处理模板如下：

借：以前年度损益调整

　应交税费——应交增值税——销项税额

　贷：应收账款

　　应收票据

　　银行存款

　　库存现金

调整上一年度所得税费用会计业务处理模板如下：

借：应交税费——应交所得税

　贷：以前年度损益调整

将“以前年度损益调整”账户的余额进行结转会计业务处理模板如下：

借：利润分配

　贷：以前年度损益调整

例 10-5：

广州某公司于 2015 年 11 月销售甲产品一批给上海乙公司，不含税销售单价为 200

元，增值税税率为17%，销售数量为100件，款项存入银行。销售单位成本为150元。由于产品存在一些质量问题，2016年2月份经双方销售部门协商，给予一定价格折让，上海乙公司不再退货，每件商品的折让率为10%。上一年的所得税税率为25%。请编制相应会计分录。

(1) 调减上一年度的销售收入：

借：以前年度损益调整　　2 000

　　应交税费——应交增值税——销项税额　　340

　贷：银行存款　　2 340

(2) 调整上一年度所得税费用：

借：应交税费——应交所得税　　500

　贷：以前年度损益调整　　500

(3) 将“以前年度损益调整”账户的余额进行结转：

借：利润分配　　1 500

　贷：以前年度损益调整　　1 500

(四) 销售退回的会计处理

销售退回是企业在销售产品时因产品的质量、规格、型号等不符合合同要求被购买方退回的商品。

对于商品已经发出，但没有确认为商品收入的，其会计业务处理模板如下：

借：发出商品

　贷：库存商品

对于当年销售的商品发生的销售退回，冲减当年的销售收入和销售成本即可。

1. 冲减当年的销售收入

冲减当年的销售收入的会计业务处理模板如下：

借：主营业务收入

　　应交税费——应交增值税——销项税额

　贷：应收账款

　　　应收票据

　　　银行存款

　　　库存现金

2. 冲减当年商品的销售成本

冲减当年商品的销售成本的会计业务处理模板如下：

借：库存商品

　贷：主营业务成本

例10-6：

广州某公司于2016年3月销售甲产品一批给上海乙公司，不含税销售单价为200元，增值税税率为17%，销售数量为100件，销售单位成本为150元。由于产品存在一些质量问题，4月份购买方将此批产品退回，已完成退货入库手续。款项尚未收到。

请编制相应会计分录。

(1) 冲减当年销售收入时：

借：主营业务收入	20 000	
应交税费——应交增值税——销项税额	3 400	
贷：应收账款		23 400

(2) 冲减当年商品的销售成本：

借：库存商品	15 000	
贷：主营业务成本		15 000

对于上年销售的商品发生的销售退回，凡会计科目涉及损益的，只能通过“以前年度损益调整”会计科目进行调整。

调减上一年度的销售收入的会计业务处理模板如下：

借：以前年度损益调整
　　应交税费——应交增值税——销项税额
　贷：应收账款
　　　应收票据
　　　银行存款
　　　库存现金

冲减上一年度的销售成本的会计业务处理模板如下：

借：库存商品
　贷：以前年度损益调整

调整上一年度所得税费用的会计业务处理模板如下：

借：应交税费——应交所得税
　贷：以前年度损益调整

将“以前年度损益调整”科目的余额进行结转的会计业务处理模板如下：

借：利润分配
　贷：以前年度损益调整

例 10-7：

广州某公司于 2015 年 11 月销售甲产品一批给上海乙公司，不含税销售单价为 200 元，增值税税率为 17%，销售数量为 100 件，款项存入银行。销售单位成本为 150 元。由于产品存在一些质量问题，2016 年 2 月购买方将该批商品退回，已办妥了退货入库手续。上一年的所得税税率为 25%。请编制相应会计分录。

(1) 调减上一年度的销售收入：

借：以前年度损益调整	20 000	
应交税费——应交增值税——销项税额	3 400	
贷：银行存款		23 400

(2) 冲减上一年度的销售成本：

借：库存商品	15 000	
贷：以前年度损益调整		15 000

(3) 调整上一年度所得税费用:

借: 应交税费——应交所得税 1 250

　贷: 以前年度损益调整 1 250

(4) 将"以前年度损益调整"科目的余额进行结转:

借: 利润分配 3 750

　贷: 以前年度损益调整 3 750

四、商品发出时不能满足销售收入确认条件的情况

商品发出时不能满足销售收入确认条件下会计业务处理模板如下:

1. 商品发出时

借: 发出商品

　贷: 库存商品

2. 由于纳税义务发生，确认应缴纳的增值税

借: 应收账款

　贷: 应交税费——应交增值税——销项税额

3. 当满足销售收入确认条件时确认销售收入

借: 应收账款

　　应收票据

　　银行存款

　　库存现金

　贷: 主营业务收入

4. 当满足销售收入确认条件时结转商品的销售成本

借: 主营业务成本

　贷: 发出商品

例 10-8:

广州某公司于2016年8月销售甲产品一批给上海乙公司，不含税销售单价为100元，增值税税率为17%，销售数量为300件，发货后得知由于上海乙公司经营困难，有可能收不回此笔货款。销售单位成本为60元。到了12月份，上海乙公司的财务状况有所好转，符合销售收入的确认条件。请编制相应会计分录。

(1) 商品发出时:

借: 发出商品 18 000

　贷: 库存商品 18 000

(2) 由于纳税义务发生，确认应缴纳的增值税:

借: 应收账款 5 100

　贷: 应交税费——应交增值税——销项税额 5 100

(3) 当满足销售收入确认条件时确认销售收入:

借: 应收账款 30 000

　贷: 主营业务收入 30 000

(4) 当满足销售收入确认条件时结转商品的销售成本：

借：主营业务成本　　18 000

　贷：发出商品　　18 000

五、委托代销商品的会计处理

委托代销商品可以分为视同买断方式销售和收取手续费用方式销售两种形式，这两种形式会计处理是有所不同的。

(一) 视同买断方式下的委托代销商品销售

视同买断方式代销商品是委托方与受托方之间签订销售合同或销售协议，委托方按照销售合同或销售协议确定的价款收取代销的货款，受托方有权决定代销商品的实际销售价格。实际销售价格与销售合同或销售协议确定的委托收取的代销货款之间的差价归受托方所有。

如果委托方和受托方之间签订的协议明确规定受托方可以将没有销售出去的货物退回，或受托方接受代销产生了亏损，委托方必须对受托方进行经济补偿，这时委托方在交付商品时不能确认为销售收入，受托方也不会确认为购进货物处理。只有委托方收到受托方的代销清单时才能确认为销售收入的实现。

委托方的会计业务处理模板如下：

1. 商品发出时

借：应收账款

　贷：主营业务收入

　　　应交税费——应交增值税——销项税额

2. 结转销售成本

借：主营业务成本

　贷：库存商品

3. 收到货款时

借：银行存款

　贷：应收账款

例 10-9：

广州 A 公司与广州乙公司于 2016 年 8 月 10 日签订了一份委托代销商品协议，广州乙公司为广州 A 公司代销某种商品 500 个，不含税代销销售单价为 100 元，其单位销售成本为 90 元。9 月 20 日广州 A 公司收到广州乙公司寄来的代销清单，将此批产品全部销售出去，款项已经通过银行收妥。广州乙公司最终的不含税实际销售单价为 120 元。增值税税率为 17%。请编制广州 A 公司（委托方）的相应会计分录。

(1) 在商品发出时确认销售收入：

借：应收账款　　58 500

　贷：主营业务收入　　50 000

　　　应交税费——应交增值税——销项税额　　8 500

(2) 结转销售成本:

借: 主营业务成本 45 000

贷: 库存商品 45 000

(3) 收到货款时:

借: 银行存款 58 500

贷: 应收账款 58 500

(二) 收取手续费用方式下的委托代销商品销售

在这种销售方式下，委托方与受托方之间签订商品销售协议或销售合同，受托方负责将受托商品销售出去，对于无法销售出去，受托方将未售出的商品退回给委托方。因此，委托方将商品发出给受托方时不能确认商品销售收入的实现，只有收到受托方的代销清单才能确认销售收入的实现，受托方按照销售协议或销售合同的规定来确认代销商品的收入，将这部分收入记入“其他业务收入”账户中。委托方将付给受托方的代销手续费用记入“销售费用”账户中。

委托方的会计业务处理模板如下：

1. 发出商品时

借：发出商品

贷：库存商品

2. 收到代销清单时

借：应收账款

贷：主营业务收入

应交税费——应交增值税——销项税额

3. 结转销售成本

借：主营业务成本

贷：发出商品

4. 计算应付的代销手续费用时

借：销售费用

贷：应收账款

5. 收到货款时

借：银行存款

贷：应收账款

受托方的会计业务处理模板如下：

1. 收到委托代销商品时

借：受托代销商品

贷：受托代销商品款

2. 实际销售商品时

借：银行存款

贷：应付账款

应交税费——应交增值税——销项税额

3. 结转销售成本

借：受托代销商品款

贷：受托代销商品

4. 收到委托方开具的增值税专用发票时

借：应交税费——应交增值税——进项税额

贷：应付账款

5. 支付应付账款并计算代销收入时

借：应付账款

贷：银行存款

主营业务收入

例 10-10：

广州 A 公司与广州乙公司于 2016 年 8 月 10 签订了一份委托代销商品协议，广州乙公司为广州 A 公司代销某种商品 500 个，不含税代销价为 100 元，其成本为 90 元。9 月 12 日广州 A 公司收到广州乙公司寄来的代销清单，将此批产品全部销售出去。按销售收入的 1%计算代销手续费。款项已经通过银行支付。请编制广州 A 公司（委托方）和广州乙公司（受托方）的相应会计分录。

委托方的账务处理如下：

（1）发出商品时：

借：发出商品	45 000	
贷：库存商品		45 000

（2）收到代销清单时：

借：应收账款	58 500	
贷：主营业务收入		50 000
应交税费——应交增值税——销项税额		8 500

（3）结转销售成本：

借：主营业务成本	45 000	
贷：发出商品		45 000

（4）计算应付的代销手续费用时：

借：销售费用	500	
贷：应收账款		500

（5）收到货款时：

借：银行存款	58 000	
贷：应收账款		58 000

受托方的账务处理如下：

（1）收到委托代销商品时：

借：受托代销商品	50 000	
贷：受托代销商品款		50 000

(2) 实际销售商品时：

借：银行存款　　58 500

　贷：应付账款　　50 000

　　应交税费——应交增值税——销项税额　　8 500

(3) 结转销售成本：

借：受托代销商品款　　50 000

　贷：受托代销商品　　50 000

(4) 收到委托方开具的增值税专用发票时：

借：应交税费——应交增值税——进项税额　　8 500

　贷：应付账款　　8 500

(5) 支付应付账款并计算代销收入时：

借：应付账款　　58 500

　贷：银行存款　　58 000

　　主营业务收入　　500

六、分期收款销售

应收的合同或者协议价款的公允价值通常应当按照其未来现金流量现值或商品现销价格计算确定。

应收的合同或者协议价款与其公允价值的差额应当在合同或协议期间内按照应收款项的摊余成本和实际利率计算确定的金额进行摊销，冲减财务费用。

“未确认融资费用”账户属负债类账户，是长期应付款的备抵账户，核算企业应当分期计入利息费用的未确认融资费用。

会计业务处理模板如下：

1. 销售时

借：长期应收款

　贷：主营业务收入

　　其他业务收入

　　应交税费——应交增值税——销项税额

　　未实现融资收益

2. 结转成本

借：主营业务成本

　贷：库存商品

3. 收到货款时

借：银行存款

　贷：长期应收款

4. 摊销未实现融资收益时

借：未实现融资收益

　贷：财务费用

例 10-11：

2013 年 1 月 1 日，广州 A 股份有限公司采用分期收款销售的方式向广州乙股份有限公司销售某项产品，合同约定销售价格为 1 600 万元，分 4 次于每年的 12 月 31 日等额收取。该产品成本为 1 000 万元，在现销的方式下，该产品的销售价格为 1 400 万元。假定广州 A 股份有限公司发出商品时开出增值税发票，注明的增值税额为 272 万元，并于当天收到增值税税额 272 万元。请进行相应账务处理（会计分录金额以万元为单位）。

未来 4 年收款的现值=现销方式下应收款项金额

可以得出：

400×（P/A，R，4）+272=1 400+272=1 672（万元）

当 R=5%时，400×3. 546 0+272=1 690. 4（万元）

当 R=8%时，400×3. 387 2+272=1 626. 88（万元）

1 690. 4　　5%

1 672　　R

1 626. 88　　7%

R=5. 579 3%

财务费用和已收本金计算如表 10-1 所示：

表 10-1　　**财务费用和已收本金计算表**　　单位：万元

年份	未收本金 (1)	财务费用 (2)=(1)×实际利率	收现总额 (3)	已收本金 (4)=(3)-(2)
2013. 1. 1	1 400			
2013. 12. 31	1 078. 110 2	78. 110 2	400	321. 889 8
2014. 12. 31	738. 261 3	60. 151	400	339. 848 9
2015. 12. 31	379. 451 1	41. 189 8	400	358. 810 2
2016. 12. 31		20. 549	400	379. 451 1
总额		200	1 600	1 400

【特别提示】

因为财务费用总的金额为 200 万元，所以 2013 年 12 月 31 日的财务费用计算如下：

200-78. 110 2-60. 151-41. 189 8=20. 549（万元）

因为现金销售的总额为 1 400 万元，所以 2013 年 12 月 31 日收回的本金计算如下：

1 400-321. 889 8-339. 848 9-358. 810 2=379. 451 1（万元）

（1）销售时：

借：长期应收款　　1 600
　　银行存款　　272
　贷：主营业务收入　　1 400
　　　应交税费——应交增值税——销项税额　　272
　　　未实现融资收益　　200

(2) 结转销售成本时：

借：主营业务成本　　1 000

　贷：库存商品　　1 000

(3) 2013 年 12 月 31 日收到货款时：

借：银行存款　　400

　贷：长期应收款　　400

借：未实现融资收益　　78.110 2

　贷：财务费用　　78.110 2

(4) 2014 年 12 月 31 日收到货款时：

借：银行存款　　400

　贷：长期应收款　　400

借：未实现融资收益　　60.151

　贷：财务费用　　60.151

(5) 2015 年 12 月 31 日收到货款时：

借：银行存款　　400

　贷：长期应收款　　400

借：未实现融资收益　　41.189 8

　贷：财务费用　　41.189 8

(6) 2016 年 12 月 31 日收到货款时：

借：银行存款　　400

　贷：长期应收款　　400

借：未实现融资收益　　20.549

　贷：财务费用　　20.549

七、提供劳务收入

企业在经营的过程中，会产生各种形式的劳务收入。例如，锅炉生产企业在销售锅炉这种产品的同时，也会提供专业的锅炉安装服务，这时就会产生一定金额的劳务收入；电梯生产企业在销售电梯这种产品的同时，也会提供专业的电梯安装服务，这时就会产生一定金额的劳务收入。

(一) 提供劳务交易结果能够可靠计量

劳务收入的确认条件如下：

1. 收入的金额能够可靠计量

这是指企业能够根据已签订的提供劳务合同或协议确定提供劳务收入的总金额。在实际工作中，签订合同的双方可能重新修订已签订的合同，这时提供劳务收入的总金额可能发生一定金额的增加或减少，企业也应及时调整提供劳务收入的总金额。

2. 相关的经济利益很可能流入企业

这是指提供劳务收入总金额收回的可能性大于不能收回的可能性，这就可以判断为相关的经济利益很可能流入企业。反之，提供劳务收入总金额收回的可能性小于不能收回的可能性，则可以判断为相关的经济利益不是很可能流入企业。在实际工作中，一般根据接受劳务方是否承诺付款来判断。

3. 交易完工程度能够可靠确定

企业可以采用以下几种方法来确定提供劳务的完工进度：

（1）已经提供的劳务量占应提供劳务总量的比例。这种方法是以提供劳务总量为标准来确定提供劳务交易的完工程度。

（2）已经完成工作的测量。这种方法是由专业测量师对已经提供的劳务进行测量，并采用一定的专业方法来确定提供劳务交易的完工进度。

（3）已经发生的成本占估计总成本的比例。这种方法主要是以成本为标准来确定交易的完工进度。

4. 交易中已经发生的成本和将要发生的成本能够可靠计量

这也就是说，提供劳务的企业能够合理计量出已经发生和将要发生的劳务成本。

完工百分比法的实际运用如下：

完工百分比法是指按照提供劳务的完工进度来确认收入和费用的方法。

本期确认收入=劳务收入×本期末为止提供劳务的完工进度-前期已确认的收入

本期确认费用=劳务总成本×本期末为止提供劳务的完工进度-前期已确认的费用

会计账户设置如下：

“劳务成本”账户是损益类账户中的费用类账户，其核算内容是在这个账户的借方登记已经发生的各项劳务支出；贷方登记结转到“主营业务成本”账户的金额。这个账户期末没有余额。

这种业务核算的特点是将发生的各项劳务支出先归集在“劳务成本”账户中，然后在期末结转到“主营业务成本”账户中。

例 10-12：

广州甲电梯公司于2016年10月2日同广州乙商场签订一份电梯安装合同，由广州甲电梯公司负责安装电梯5部。经过双方协商，每部电梯的安装服务费（含税）为6 660元，增值税税率为11%。该项安装任务在10月20日之前完成。在安装过程中，广州甲电梯公司应向本公司安装人员支付工资26 000元，支付交通费用800元。广州乙商场应支付的款项已经通过银行转账收到。广州甲电梯公司应支付的工资还没有发放，交通费用以现金方式支付。请进行相应账务处理。

发生劳务支出时：

借：劳务成本	26 800	
贷：应付职工薪酬		26 000
库存现金		800

收到款项时：

借：银行存款	33 300	
贷：主营业务收入		30 000
应交税费——应交增值税——销项税额		3 300

结转劳务成本时：

借：主营业务成本 26 800

　贷：劳务成本 26 800

（二）提供劳务交易结果不能可靠计量

企业在资产负债日提供劳务交易结果不能可靠计量的，也就是不能同时满足上述四个条件时，企业不能按照完工百分比法来确认提供劳务收入。此时应当分以下两种情况来处理：

第一，已经发生的劳务成本预计全部不能得到补偿的，应当将已经发生的劳务成本计入当期损益，不能确认为劳务收入。

第二，已经发生的劳务成本预计能够得到补偿的，应当按已经或预计能够收回的金额确定提供劳务收入，并结转已经发生的劳务成本。

（三）同时销售商品和提供劳务交易

如果销售产品和提供劳务能够明确区分并能够单独核算的，企业应当分别核算销售产品取得的收入和提供劳务取得的劳务收入；虽能区分但不能单独计量的，或者销售产品和提供劳务不能够区分的，企业应当将销售产品和提供劳务全部作为销售产品进行会计处理。

例 10-13：

广州甲电梯公司于 2016 年 10 月 2 日向广州乙商场销售某种电梯 5 部，每部电梯不含税的售价为 100 000 元，每部电梯的成本为 90 000 元，增值税税率为 17%。双方在销售合同中规定，广州甲电梯公司向广州乙商场销售电梯收取的价款中不含安装服务费。若广州乙商场需要提供安装服务，广州甲电梯公司根据实际提供劳务情况需要另行收费。经过双方协商，每部电梯的安装服务费（含税）为 6 660 元。在安装过程中，广州甲电梯公司应向本公司安装人员支付工资 26 000 元，支付交通费用 800 元。广州乙商场应支付的款项已经通过银行转账收到。广州甲电梯公司应支付的工资还没有发放，交通费用以现金方式支付。安装服务的增值税税率为 11%。请进行相应账务处理。

电梯发出时：

借：发出商品 450 000

　贷：库存商品 450 000

发生劳务支出时：

借：劳务成本 26 800

　贷：应付职工薪酬 26 000

　　库存现金 800

电梯安装完成确认收入时：

借：银行存款 585 000

　贷：主营业务收入 500 000

　　应交税费——应交增值税——销项税额 85 000

借：银行存款 33 300

贷：主营业务收入　30 000

应交税费——应交增值税——销项税额　3 300

结转成本时：

借：主营业务成本　476 800

贷：发出商品　450 000

劳务成本　26 800

例 10-14：

广州甲电梯公司于 2016 年 10 月 2 日向广州乙商场销售某种电梯 5 部，每部电梯不含税的售价为 100 000 元，每部电梯的成本为 90 000 元，增值税税率为 17%。双方在销售合同中规定，广州甲电梯公司向广州乙商场销售电梯所收取的价款中含安装服务费。在安装过程中，广州甲电梯公司应向本公司安装人员支付工资 26 000 元，支付交通费用 800 元。广州乙商场应支付的款项已经通过银行转账收到。广州甲电梯公司应支付的工资还没有发放，交通费用以现金方式支付。请进行相应账务处理。

电梯发出时：

借：发出商品　450 000

贷：库存商品　450 000

发生劳务支出时：

借：劳务成本　26 800

贷：应付职工薪酬　26 000

库存现金　800

电梯安装完成确认收入时：

借：银行存款　585 000

贷：主营业务收入　500 000

应交税费——应交增值税——销项税额　85 000

结转成本时：

借：主营业务成本　476 800

贷：发出商品　450 000

劳务成本　26 800

第二节　费用的会计核算

一、费用的定义及分类

费用是指日常经营活动中发生的，会导致所有者权益减少的，与所有者分配利润无关的经济利益的总流出。

确认费用时要划分生产费用和非生产经营费用的界限、生产费用与产品成本的界限、生产费用与期间费用的界限。

期间费用主要由管理费用、财务费用、销售费用三部分组成。

管理费用是指企业行政管理部门为组织和管理生产经营活动发生的各种费用。主要内容有工会经费、职工教育经费、业务招待费、印花税、技术转让费、无形资产摊销、咨询费、诉讼费、公司经费、聘请中介机构费、矿产资源补偿费、研究与开发费、劳动保险费、待业保险费、董事会费等。

其中，公司经费主要有总部管理人员工资、职工福利费、差旅费、办公费、折旧费、修理费、物料消耗、低值易耗品摊销以及其他公司经费。

销售费用是指企业在销售产品、提供劳务等日常经营过程中发生的各项费用以及专设销售机构的各项经费。主要内容有运输费、装卸费、包装费、保险费、展览费、广告费、租赁费（不包括融资租赁费）以及为销售本公司商品而专设的销售机构的职工工资、福利费等经常性费用。

商品流通企业在进货过程中发生的运输费、装卸费、包装费、运输途中的合理损耗和入库前的挑选整理费用，也作为销售费用处理。

财务费用指企业筹集生产经营所需资金而发生的费用。主要内容有利息净支出减利息收入、汇兑净损失（减汇兑收益）、金融机构手续费以及筹集生产经营资金发生的其他费用等。

二、期间费用的会计核算

期间费用发生时会计业务处理模板如下：

借：财务费用
　　销售费用
　　管理费用
　贷：库存现金
　　　银行存款
　　　应付账款
　　　应付票据

【特别提示】

期间费用在进行会计核算时，要写到二级或三级会计明细科目，否则无法满足管理需要及登记多栏式明细账的需要。

例 10-15：

广州 A 公司 2016 年 12 月人力资源部发生招待费用 2 000 元，购买办公用品 500 元，财务部汇款到外地支付手续费 150 元，为销售部支付在某报纸的广告费 2 500 元。以上款项均以银行存款支付。请编制相应会计分录。

借：财务费用——手续费	150	
销售费用——广告费	2 500	
管理费用——招待费	2 000	
管理费用——办公费	500	
贷：银行存款		5 150

第三节　利润的会计核算

一、利润的计算过程

企业利润是企业一定期间的经营成果，是一定期间收入减去相关费用后的净额。企业首先计算出营业利润，其次计算出利润总额，最后计算出净利润。

营业利润、利润总额、净利润计算公式如下：

营业利润=营业收入-税金及附加-营业成本-销售费用-管理费用-财务费用-资产减值损失±投资净收益±公允价值变动损益

利润总额=营业利润+营业外收入-营业外支出

净利润=利润总额-所得税费用

营业外收入是指与企业生产经营活动没有直接关系的各种利得，主要内容有非流动资产处置利得、非货币性交易收益、债务重组利得、政府补助、盘盈利得、捐赠利得。

非流动资产处置利得包括固定资产处置利得和无形资产利得。

盘盈利得是对于现金等清查盘点中盘盈的现金等，报批准后计入营业外收入的金额。

二、处理固定资产的净收益

例 10-16：

广州 A 公司于 2016 年 6 月 15 日将一台于 2010 年 5 月购入、入账价值为 10 万元、已计提折旧 6 万元的设备出售，获得价款 6 万元，发生清理费用 0.5 万元。所有款项的收支均通过银行办妥。请编制相应会计分录。

(1) 将固定资产净值转入固定资产清理：

借：固定资产清理	40 000	
累计折旧	60 000	
贷：固定资产		100 000

(2) 收到清理收入：

借：银行存款	60 000	
贷：固定资产清理		60 000

(3) 支付清理费用：

借：固定资产清理	5 000	
贷：银行存款		5 000

(4) 将固定资产清理账户余额转入营业外收入：

借：固定资产清理	15 000	
贷：营业外收入		15 000

三、出售无形资产的净收益

例 10-17：

2016 年 1 月广州市 A 公司将一项于 2013 年 1 月花 5 万元购入的无形资产卖给了本市一家公司，取得价款 4 万元，该项无形资产按 5 年直线法进行摊销。款项已存入银行。只考虑应交的增值税，暂不考虑其他税金，增值税税率为 6%。请编制相应会计分录。

借：银行存款　　　　40 000
　　累计摊销　　　　30 000
　贷：营业外收入　　　　17 600
　　　应交税费——应交增值税——销项税额　　　　2 400
　　　无形资产　　　　50 000

四、营业外支出

营业外支出是与企业的日常生产经营活动没有直接联系的各项损失，主要有非流动资产处置损失、非货币性交易损失、债务重组损失、公益性捐赠支出、非常损失、盘亏损失（不包括存货的盘亏，存货盘亏记入了“管理费用”账户中）。

五、固定资产盘亏的会计处理

固定资产盘亏的会计业务处理模板如下：

1. 将盘亏的固定资产净值转入“待处理财产损溢”账户中

借：待处理财产损溢
　　累计折旧
　贷：固定资产

2. 将“待处理财产损溢”账户余额转入“营业外支出”账户中

借：营业外支出
　贷：待处理财产损溢

例 10-18：

广州 A 公司于 2016 年 12 月对公司的所有固定资产进行盘点，盘亏了一台设备，其账面价值为 10 万元，账面上反映已计提折旧 7 万元。无法查明盘亏的原因，经总经理批准后作为公司损失处理。请编制相应会计分录。

(1) 将盘亏的固定资产净值转入“待处理财产损溢”账户中：

借：待处理财产损溢　　　　30 000
　　累计折旧　　　　70 000
　贷：固定资产　　　　100 000

(2) 将“待处理财产损溢”账户余额转入“营业外支出”账户中：

借：营业外支出　　　　30 000
　贷：待处理财产损溢　　　　30 000

六、处置固定资产净损失的会计处理

例 10-19：

广州 A 公司于 2016 年 10 月将一台不需用的生产设备出售。该设备原价为 10 万元，已计提折旧 6 万元，用银行存款支付清理费用 1 万元，发生清理收入 3 万元已存入银行。请编制相应会计分录。

（1）将固定净值转入“固定资产清理”账户中：

借：固定资产清理	40 000	
累计折旧	60 000	
贷：固定资产		100 000

（2）支付固定资产清理费用：

借：固定资产清理	10 000	
贷：银行存款		10 000

（3）收到固定资产清理收入：

借：银行存款	30 000	
贷：固定资产清理		30 000

（4）“固定资产清理”账户的余额转入“营业外支出”账户：

借：营业外支出	20 000	
贷：固定资产清理		20 000

七、出售无形资产的损失的会计处理

例 10-20：

广州 A 公司于 2016 年 10 月将一项购入价值为 5 万元、已摊销 3 万元的无形资产对外出售，获取价款 1 万元，增值税税率为 6%，已收到现金。请编制相应会计分录。

借：营业外支出	10 600	
库存现金	10 000	
累计摊销	30 000	
贷：无形资产		50 000
应交税费——应交增值税——销项税额		600

八、应交企业所得税的会计处理

企业所得税是以企业的利润总额为根据缴纳的一种税额。在实际工作中并不能直接根据当年实现的利润总额乘以所得税税率计算当期应交的所得税，要考虑前期亏损状况及时间长短。按现行税法的规定，企业实现的亏损，可以用以后连续 5 年内实现的税前利润进行弥补，没有弥补完的，只能用税后利润进行弥补。

应交企业所得税的会计业务处理模板如下：

1. 计提当期应交的所得税

借：所得税费用

　贷：应交税费——应交所得税

2. 结转所得税费用

借：本年利润

　贷：所得税费用

例 10-21：

广州 A 公司于 2010 年开业，当年实现利润-100 万元，2011 年实现利润 10 万元，2012 年实现利润-20 万元，2013 年实现利润 20 万元，2014 年实现利润 30 万元，2015 年实现利润-15 万元，2016 年实现利润 150 万元。试计算企业每年应缴纳的所得税，并给出账务处理（所得税率为 25%）。

2010 年不用缴纳所得税；

2011 年不用缴纳所得税；

2012 年不用缴纳所得税；

2013 年不用缴纳所得税；

2014 年不用缴纳所得税；

2015 年不用缴纳所得税；

2016 年应缴纳所得税=(150-20-15)×25%=28.75（万元）

（1）计提当期应交的所得税时：

借：所得税费用　　287 500

　贷：应交税费——应交所得税　　287 500

（2）结转所得税费用：

借：本年利润　　287 500

　贷：所得税费用　　287 500

九、本年利润的结转与分配

当期发生的经济业务全部编制完成记账凭证后，就可以利用 T 字账户对本期发生的经济业务进行试算平衡了，然后就得到了本期会计科目试算平衡表，根据会计科目试算平衡表就可以将本期收入及费用支出等损益类账户的发生额结转到“本年利润”账户中了。

会计业务处理模板如下：

1. 将收入类账户的贷方发生额结转到“本年利润”账户中

借：主营业务收入

　　其他业务收入

　　营业外收入

　　投资收益

　贷：本年利润

2. 将费用支出类账户的借方发生额结转到“本年利润”账户中

借：本年利润

　贷：主营业务成本

　　　其他业务成本

营业外支出

资产减值损失

所得税费用

财务费用

管理费用

销售费用

税金及附加

3. 若“本年利润”账户的余额在贷方

借：本年利润

贷：利润分配——未分配利润

4. 若“本年利润”账户的余额在借方

借：利润分配——未分配利润

贷：本年利润

【特别提示】

若收入、费用支出等损益类账户设置有二级或三级会计明细科目，在将收入、费用支出等损益类账户的发生额结转到“本年利润”账户中时，要分明细项目进行结转。

例 10-22：

广州市某公司 2016 年 10 月会计科目发生额试算平衡表如表 10-2 所示，请进行相应账务处理。

表 10-2　广州市某公司 2016 年 10 月会计科目发生额试算平衡表　单位：元

科目名称	借方金额	贷方金额
银行存款	1 700 068	1 074 000
应付票据	200 000	
在途物资	300 000	300 000
应交税费（增值税）	113 992	340 000
应交税费（其他税）		117 640.54
原材料	499 600	500 000
其他货币资金		234 000
应收账款	702 000	
主营业务收入		2 000 000
主营业务成本	1 200 000	
库存商品	1 390 000	1 200 000
固定资产	172 940	400 000
工程物资	300 000	
财务费用	300 000	
长期借款		
固定资产清理	41 000	41 000

表10-2(续)

科目名称	借方金额	贷方金额
累计折旧	360 000	400 000
营业外支出	39 400	
应付利息		300 000
投资收益		60 000
生产成本	1 390 000	1 390 000
本年利润		
管理费用	90 000	
应付职工薪酬		580 000
制造费用	340 000	340 000
所得税费用	95 039. 74	
销售费用	20 000	
税金及附加	22 600. 8	
合计	9 276 640. 54	9 276 640. 54

(1) 将收入类账户的贷方发生额结转到“本年利润”账户中：

借：主营业务收入　　2 000 000

　　投资收益　　60 000

　贷：本年利润　　2 060 000

(2) 将费用支出类账户的借方发生额结转到“本年利润”账户中：

借：本年利润　　1 767 040. 54

　贷：主营业务成本　　1 200 000

　　　营业外支出　　39 400

　　　所得税费用　　95 039. 74

　　　财务费用　　300 000

　　　管理费用　　90 000

　　　销售费用　　20 000

　　　税金及附加　　22 600. 8

(3) 将“本年利润”账户的贷方余额结转到“利润分配”账户中：

借：本年利润　　292 956. 46

　贷：利润分配——未分配利润　　292 959. 46

第十一章　所有者权益

【本章学习重点】

（1）所有者权益的核算；
（2）资本公积的核算；
（3）留存收益的核算。

第一节　实收资本（股本）的核算

一、所有有者权益

所有者权益是指企业净资产扣除负债后由所有者享有的剩余权益。所有者权益由实收资本、资本公积、盈余公积和未分配利润四个部分构成。其中，盈余公积和未分配利润叫做留存收益。

二、实收资本

实收资本是指投资者投入到企业中的各项资产的价值。一般情况无需偿还，可以长期周转使用。在股份有限公司中被投资企业收到投资者投入的资本放在“股本”科目进行会计核算。

对于国有独资公司来说，这种类型的企业组建时，所有者投入的资本全部作为实收资本入账，不能发行股票，不会产生股票溢价的发行收入，也不会在追加投资时为维持一定的投资比例而产生资本公积。

公司发行股票取得的收入与股本总额往往不一致。公司发行收入大于股本总额的，称为溢价发行；发行收入小于股本总额的，称为折价发行；发行收入等于股本总额的，称为面值发行。在我国，不允许折价发行股票。在溢价发行的情况下，应当将相当于股票面值的部分记入“股本”科目，其余部分在扣除发行手续费、佣金等发行费用后的部分记入“资本公积（股本溢价）”科目。

如有新投资者介入，新介入的投资者缴纳的出资额大于其按约定比例计算的其在注册资本中所占的份额部分，不记入“实收资本”科目，而是记入“资本公积”科目。

三、实收资本（股本）的账务处理

会计业务处理模板如下：

借：固定资产
　　银行存款
　　库存商品
　　原材料
　　周转材料
　　应交税费——应交增值税——进项税额
　　无形资产
　贷：实收资本
　　　股本
　　　资本公积——资本溢价

例 11-1：

2016 年 5 月 15 日，广州 A 股份有限公司与广州 B 股份有限公司经过协商达成如下协议：双方共同组建广州 C 股份有限公司，广州 A 股份有限公司占有广州 C 股份有限公司注册资本的 60%，广州 B 股份有限公司占有广州 C 股份有限公司注册资本的 40%，广州 C 股份有限公司的注册资本总额为 200 万元。2016 年 5 月 30 日，广州 A 股份有限公司将银行存款 30 万元、某种原材料市场公允价值 80 万元投入广州 C 股份有限公司，增值税税率为 17%，广州 C 股份有限公司收到了增值税税专用发票。请编制相应会计分录。

借：银行存款	300 000	
原材料	800 000	
应交税费——应交增值税——进项税额	136 000	
贷：股本		1 200 000
资本公积——资本溢价		36 000

例 11-2：

广州 C 股份有限公司由广州 A 股份有限公司、广州 B 股份有限公司共同出资 200 万元于 2007 年 6 月 30 日组建，到了 2016 年 10 月 30 日，有广州 D 股份有限公司愿意出资 80 万元占有广州 C 股份有限公司 30%的股份。广州 A 股份有限公司、广州 B 股份有限公司经过讨论，同意广州 D 股份有限公司的上述条款，资金已经到达广州 C 股份有限公司的账户。请编制相应会计分录。

借：银行存款	800 000	
贷：股本		600 000
资本公积——资本溢价		200 000

例 11-3：

广州 A 股份有限公司于 2016 年 2 月 1 日发行股票 100 000 股，每股面值 10 元，发行价为 12 元，按发行价的 5%向证券公司支付发行手续费，款项已存入银行。请编制相应会计分录。

借：银行存款	1 140 000	
贷：股本		1 000 000
资本公积——股本溢价		140 000

四、实收资本增减变动的会计处理

企业增加注册资本的途径有以下三条：

第一，将资本公积转为实收资本或股本。

第二，将盈余公积转为实收资本或股本。

第三，所有者投入。

会计业务处理模板如下：

借：资本公积——资本溢价或股本溢价
　　盈余公积
　贷：实收资本或股本

例 11-4：

经广州 A 有限责任公司股东大会同意，广州 A 有限责任公司将资本公积（股本溢价）52 万元转为股本。请编制相应会计分录。

借：资本公积（资本溢价或股本溢价）　　520 000
　贷：实收资本　　520 000

五、发放股票股利的会计处理

会计业务处理模板如下：

借：利润分配——应付股票股利
　贷：股本
　　资本公积——股本溢价

例 11-5：

广州 A 股份有限公司董事会于 2016 年 3 月 15 日召开股东大会，决定向股东发放 2015 年的利润。由于公司现金紧张等原因，经中国证监会同意，决定发放股票股利。此次发行的股票共 150 000 股，每股 10 元，实际发行价 12 元，同时向证券公司支付发行手续费用 10 万元，发行过程已经结束。请编制相应会计分录。

借：利润分配——应付股票股利　　1 700 000
　贷：股本　　1 500 000
　　资本公积——股本溢价　　200 000

六、实收资本减少的会计处理

实收资本减少的原因有两种，一种是企业发生重大亏损需要减少实收资本，另一种是资本过剩。

库存股是指由公司购回而没有注销，并由该公司持有的已发行股份。库存股在回购后并不注销，而由公司自己持有。企业应设置“库存股”科目，核算企业收购、转让或注销的本公司股份金额。“库存股”科目属于所有者权益类科目。

（一）企业发生重大亏损需要减少实收资本

按照《中华人民共和国公司法》的规定，投资者要想从被投资公司的盈利中分得利润，被投资公司前期不得存在亏损，若前期被投资公司存在亏损，首先要用本期实现的利润弥补前期的亏损后，才能用剩余的利润进行利润分配。但有些公司投资者为了多从被投资公司分回利润，通过减少实收资本来弥补前期亏损的方式达到从被投资企业多分得利润的目的。

（二）资本过剩

1. 回购价高于股票发行价的账务处理

回购的金额高于股本的金额，依次冲减“资本公积”账户金额、“盈余公积”账户金额和“利润分配”账户金额。首先冲减“资本公积”账户金额，此账户金额冲减完之后，再冲减“盈余公积”账户金额，此账户金额冲减完以后，最后才能冲减“利润分配”账户金额。

会计业务处理模板如下：

借：库存股

贷：银行存款

借：股本

资本公积——股本溢价

盈余公积

利润分配——未分配利润

贷：库存股

2. 回购价低于发行价的账务处理

两者之间的价格差异记入“资本公积”账户。

会计业务处理模板如下：

借：库存股

贷：银行存款

借：股本

贷：库存股

资本公积——股本溢价

例 11-6：

广州 A 股份有限公司于 2016 年 8 月 16 日经中国证监会批准，回购本公司对外发行的普通股 100 000 股，每股回购价为 14 元，当时发行时面值为 10 元，发行价为 12 元，发行时支付发行手续费 100 000 元。资本公积（股本溢价）账户金额为 100 000 元，盈余公积账户为 120 000 元，利润分配账户为 200 000 元。请编制相应会计分录。

借：库存股	1 400 000	
贷：银行存款		1 400 000
借：股本	1 000 000	
资本公积——股本溢价	100 000	
盈余公积	120 000	
利润分配——未分配利润	80 000	

贷：库存股 1 400 000

例 11-7：

2016 年 6 月 10 日，广州 A 股份有限公司经中国证监会批准，回购本公司于 2005 年发行的某种股票，当时发行价为 12 元，发行时面值为 10 元，回购时每股支付了 9 元，共回购了 100 000 股。请编制相应会计分录。

借：库存股 900 000
　贷：银行存款 900 000
借：股本 1 000 000
　贷：库存股 900 000
　　资本公积——股本溢价 100 000

第二节　资本公积的核算

一、资本公积的定义

资本公积是指企业收到投资者的超出其在企业注册资本（或股本）中所占份额的投资以及直接计入所有者权益的利得或损失。资本公积的构成主要有资本溢价（股本溢价）和直接计入所有者权益的利得和损失。

资本溢价或股本溢价形成的原因有溢价发行股票、投资者超额缴入资本等。

二、有关资本公积的会计科目设置

为了正确核算资本公积，需要设置“资本公积——资本（股本）溢价”和“资本公积——其他资本公积”明细科目。其中，“资本公积——资本（股本）溢价”科目反映企业实际收到的资本（或股本）大于注册资本的金额。

三、资本公积的构成

（一）资本或股本的溢价

按现行企业会计准则的有关规定，投资者投入到被投资企业超过其实收资本的金额应记入“资本公积”账户。对于溢价发行股票，从溢价发行收入中扣除发行费用后，再减去股票面值的后余额，计入“资本公积”账户。

例 11-8：

广州 A 股份有限公司于 2016 年 8 月增发 50 000 股股票，每股面值为 10 元，实际发行价为 12 元，发行费用为发行价格的 1%。款项已收到存入银行。请编制相应会计分录。

借：银行存款 594 000
　贷：股本 500 000
　　资本公积——资本或股本溢价 94 000

(二) 其他资本公积的核算

1. 采用权益法核算的长期股权投资

在持股比例不变的情况下，被投资单位除净损益以外所有者权益的其他变动，企业按持股比例计算应享有的份额。如果是利得，应当增加长期股权投资的账面价值，同时增加资本公积（其他资本公积）；如果是损失，应编制相反的会计分录。

例 11-9：

广州 A 股份有限公司投资 200 万元于广州 B 股份有限公司，持有广州 B 股份有限公司 40%的股份。2016 年 2 月 15 日，广州 B 股份有限公司聘请某评估公司对乙设备进行评估，增值了 200 万元，企业所得税税率为 25%。请编制相应会计分录。

借：长期股权投资　　600 000

　贷：资本公积（其他资本公积）　　600 000

2. 可供出售金融资产公允价值的变动

可供出售金融资产公允价值变动形成的利得，除减值损失和外币货币性金融资产形成的汇兑差额外，借记“可供出售金融资产——公允价值变动”科目，贷记“资本公积（其他资本公积）”科目。公允价值变动形成的损失，编制相反的会计分录。此内容在金融资产章节已经讲过，不再赘述。

第三节　留存收益的核算

一、盈余公积的核算

企业实现的利润分配顺序如下：

第一，提取法定公积金和法定公益金。法定公积金按照税后利润的 10%的比例提取（非公司企业提取的比例可以高于这个比例）。当法定公积金累计数达到公司注册资本的 50%以上时，可以不再提取法定公积金。

法定公益金按照税后利润的 5%~10%的比例提取。

【特别提示】

在提取法定盈余公积金和法定公益金之前，应当用当期实现的利润弥补前期发生的亏损，若前期的亏损没有弥补完成，是不能提取盈余公积的。

例 11-10：

广州 A 有限责任公司 2013 年亏损 20 万元，2014 年亏损 10 万元，2015 年亏损 5 万元，2016 年实现利润 80 万元。该公司的所得税税率为 25%，按 15%的比例计提盈余公积。请计算该公司当年应计提的盈余公积是多少。

该公司当年的税后利润=(80-20-10-5)×(1-25%)= 36. 375（万元）

当年应计提盈余公积=36. 375×15%=5. 456 25（万元）

第二，提取任意公积金，提取的比例由企业自主决定。

第三，向投资者分配利润或股利。

二、盈余公积的用途

公益金主要是用于职工福利设施的支出，如购建职工宿舍、托儿所、理发室等固定资产方面的支出。

盈余公积的主要用途如下：

第一，用于弥补亏损。

第二，用于转增资本。当用盈余公积转增资本时，留存的盈余公积的比例不得低于注册资本的 25%。

第三，用于扩大生产经营

提取盈余公积会计业务处理模板如下：

借：利润分配——提取盈余公积

  贷：盈余公积

例 11-11：

广州 A 有限责任公司 2013 年亏损 20 万元，2014 年亏损 10 万元，2015 年亏损 5 万元，2016 年实现利润 80 万元。该公司的所得税税率为 25%，按 15%的比例计提盈余公积。请计算该公司当年应计提盈余公积，并编制相应会计分录。

该公司当年的税后利润＝(80－20－10－5)×(1－25%)＝33.75（万元）

当年应计提盈余公积＝33.75×15%＝5.062 5（万元）

借：利润分配——提取盈余公积　　5.062 5

  贷：盈余公积　　5.062 5

盈余公积用于转增资本或弥补亏损会计业务处理模板如下：

借：盈余公积

  贷：实收资本

    股本

    利润分配——未分配利润

例 11-12：

2016 年 2 月 15 日广州 A 有限责任公司的董事会决定用公司的盈余公积 15 万元弥补前期的亏损，2016 年 6 月 20 日经公司股东大会表决通过后执行。请编制相应会计分录。

借：盈余公积　　150 000

  贷：利润分配——未分配利润　　150 000

公益金使用的会计业务处理模板如下：

(1) 购建固定资产时：

借：固定资产

  在建工程

  贷：银行存款

借：盈余公积——法定公益金

  贷：盈余公积——任意公益金

（2）处置固定资产时：

借：盈余公积——任意公益金

　贷：盈余公积——法定公益金

例 11-13：

广州 A 股份有限公司的工会为员工食堂购买电视机 2 台，用银行存款支付 8 200 元。请编制相应会计分录。

借：固定资产　　8 200

　贷：银行存款　　8 200

借：盈余公积——法定公益金　　8 200

　贷：盈余公积——任意公益金　　8 200

三、利润分配的会计处理

将本年实现的净利润转入利润分配的会计业务处理模板如下：

借：本年利润

　贷：利润分配——未分配利润

提取盈余公积及分配股利时的会计业务处理模板如下：

借：利润分配——盈余公积

　　利润分配——应付现金股利

　　利润分配——应付股票股利

　贷：盈余公积

　　　应付股利

　　　股本

　　　资本公积

将利润分配账户的借方明细发生额转入贷方未分配利润的会计业务处理模板如下：

借：利润分配——未分配利润

　贷：利润分配——盈余公积

　　　利润分配——应付现金股利

　　　利润分配——应付股票股利

例 11-14：

广州 A 股份有限公司 2016 年当年实现了利润总额为 100 万元，公司的盈余公积提取的比例为 15%，所得税税率为 25%，并准备用现金向投资者分配利润 20 万元。假设以前年度没有未弥补的亏损额。请编制相应会计分录。

（1）将本年实现的净利润转入利润分配中：

借：本年利润　　750 000

　贷：利润分配——未分配利润　　750 000

（2）提取盈余公积及分配股利：

借：利润分配——盈余公积　　112 500

　贷：盈余公积　　112 500

(3) 分配现金股利：

借：利润分配——应付现金股利　　200 000

　贷：应付股利　　200 000

(4) 将利润分配账户的借方明细发生额转入贷方未分配利润中：

借：利润分配——未分配利润　　312 500

　贷：利润分配——盈余公积　　112 500

　　　利润分配——应付现金股利　　200 000

第十二章　财务报告

【本章学习重点】

（1）利润表的编制；

（2）资产负债表的编制。

第一节　财务报告概述

一、财务报告的定义及分类

（一）财务报告的定义

财务报告是指企业对外提供的反映企业某一特定日期的财务状况和某一会计期间的经营成果、现金流量等会计信息的文件。

财务报告的构成如下：

（1）资产负债表。

（2）利润表。

（3）现金流量表。

（4）所有者权益变动表。

（5）附注。

（二）财务报告的分类

按报表的期间可以分为中期财务报表和年度报表；按报表的主体可以分为个别会计报表和合并报表。

二、财务报表编制的要求

（一）遵循各项会计准则进行确认和计量

应当根据实际发生的交易和事项，遵循各项具体会计准则的规定进行确认和计量，并在此基础上编制财务报表。

（二）列报基础

持续经营是会计的基本前提，是会计确认、计量及编制财务报表的基础。在编制财务报表的过程中，应当对企业持续经营能力进行评价。

出现了下列情况，表明企业处于非持续经营状态：

（1）企业已在当期进行清算或停止营业。

（2）企业已正式在下一个会计期间进行清算或停止营业。

（3）企业已确定在当期或下一个会计期间没有其他可选择的方案而将被迫进行清算或停止营业。

在非持续经营的情况下，企业应当在附注中声明财务报表未以持续经营为基础列报，披露未以持续经营为基础的原因以及财务报表的编制基础。

（三）重要性和项目列报

性质或功能不同的项目，一般应当在财务报表中单独列报，但是不具有重要性的项目可以合并列报。

性质或功能类似的项目，一般可以合并列报，但是对其具有重要性的类别应该单独列报。

项目的单独列报不仅适用于报表，还适用于附注，某些项目的重要性程度不足以在资产负债表、利润表、现金流量表、所有者权益变动表中单独列报，但是可能对附注而言具有重要性，在这种情况下应当在附注中单独披露。

无论是财务报表列报的项目还是其他会计准则规定的单独列报的项目，都必须单独列报。

（四）列报的一致性

同一企业不同期间和同一期间不同企业的财务报表应当相互可比。但是出现了下列情况是可以变更的：

（1）会计准则要求可以改变。

（2）企业经营业务的性质发生重大变化后，变更财务报表项目的列报能够提供更可靠、更相关的会计信息。

（五）财务报表项目金额

财务报表项目应当以总额列报，资产、负债、收入和费用不能相互抵销。

下列情况下不属于抵销：

（1）资产项目按扣除减值准备后的净额列示。

（2）非日常活动的发生具有偶然性，并非企业主要的业务，从重要性来讲，非日常活动产生的损益以收入扣减费用后的净额列示，更有利于报表使用者的理解。

（六）比较信息的列报

企业在列报当期财务报表时，至少应当提供所有项目上一可比会计期间的比较数据和与理解当期财务报表相关的说明。

在财务报表项目的列报的确需要发生变更的情况下，企业应当对上期比较数据按照当期列报的要求进行调整，并在附注中披露调整的原因和性质。但是在某些特殊情况下，对上期比较数据进行调整是不切实可行的，则应当在附注中披露不能调整的原因。

（七）财务报表表首列报的要求

表首应当有编制企业的名称、具体的编制时间或会计期间、货币的名称和单位等。

（八）报告期间

企业至少应当编制年度财务报表。

第二节 利润表和利润分配表

一、利润表的定义与格式

（一）利润表的定义

利润表是反映企业一定期间生产经营成果的会计报表，主要反映企业当前实现的利润，同时又可以预测企业将来一定的获利能力。

（二）利润表的格式

利润表的格式如表 12-1 所示：

表 12-1　　利润表

编制单位：××公司　　年　月　日　　单位：元

项目	行次	本月数	本年累计数
一、营业收入	1		
减：营业成本	2		
税金及附加	3		
销售费用	4		
管理费用	5		
财务费用	6		
资产减值损失	7		
加：公允价值变动损益	8		
投资收益	9		
二、营业利润	10		
加：营业外收入	11		
减：营业外支出	12		
三、利润总额	13		
减：所得税费用	14		
四、净利润	15		

二、利润表中相关项目的填列方法

第一，营业收入反映企业经营主要业务和其他业务所确认的收入总额，是根据“主营业务收入”和“其他业务收入”科目的贷方发生额填列的。

第二，营业成本是反映经营主要业务和其他业务所发生的成本总额，应根据“主营业务成本”和“其他业务成本”科目的借方发生额填列。

第三，税金及附加反映企业经营业务应负担的消费税、城市维护建设税、资源税、土地增值税、教育费附加、房产税、土地使用税、车船使用税、印花税等，应根据“税金及附加”科目的借方发生额填列。

第四，一般情况下，销售费用根据“销售费用”科目的借方发生额直接填列。若有时贷方发生额也有数据，只能根据借方发生额的合计数减去贷方发生额的合计数的差额填列在该项目中。

第五，一般情况下，管理费用根据“管理费用”科目的借方发生额直接填列。若有时贷方发生额也有数据，只能根据借方发生额的合计数减去贷方发生额的合计数的差额填列在该项目中。

第六，一般情况下，财务费用根据“财务费用”科目的借方发生额直接填列。若有时贷方发生额也有数据，只能根据借方发生额的合计数减去贷方发生额的合计数的差额填列在该项目中。

第七，资产减值损失是根据“资产减值损失”科目的借方发生额直接填列的。

第八，公允价值变动收益是根据“公允价值变动损益”科目的发生额分析填列的。若为净损失，该项目以负号填列。

第九，投资收益是根据“投资收益”科目的发生额直接填列的。若为投资损失，以负号填列。

第十，营业外收入是根据“营业外收入”科目的贷方发生额直接填列的。

第十一，营业外支出是根据“营业外支出”科目的借方发生额直接填列的。

第十二，所得税费用是根据“所得税费用”科目的借方发生额直接填列的。

【特别提示】

在实际工作中，一定要先编制利润表，然后才能编制资产负债表，只有利润表中的“净利润”项目数据出来了，才能填列资产负债表中的“未分配利润”项目。

三、利润分配表的定义与格式

（一）利润分配表的定义

利润分配表是用来反映企业一定期间对实现的净利润的分配或亏损弥补的会计报表，是利润表的附表。

（二）利润分配表的格式

利润分配表的格式如表 12-2 所示：

表 12-2　　利润分配表

编制单位：××公司　　年度　　单位：元

项目	行次	本年实际	上年实际
一、净利润	1		
加：年初未分配利润	2		
其他转入	3		
二、可供分配利润	4		
减：提取的法定盈余公积	5		
提取的法定公益金	6		
三、可供投资者分配的利润	7		
减：应付优先股股利	8		
提取的任意盈余公积	9		
提取的任意公益金	10		
应付普通股股利	11		
转作股本的普通股股利	12		
四、未分配利润	13		

第三节　资产负债表

一、资产负债表的定义

资产负债表是反映企业某一特定日期财务状况的会计报表，可以利用资产负债表来获取企业的短期偿债能力、长期偿债能力等信息。

二、资产负债表的作用

第一，了解企业在某一特定日期所拥有的资产总量及其结构。

第二，可以提供某一日期的负债总额及其结构，从而断定将来的短期偿债能力和长期偿债能力。

第三，可以断定资本保值、增值的情况以及对负债的保障情况。

三、资产负债表的构成（按账户式反映）

资产负债表的构成如表 12-3 所示。

表 12-3 资产负债表

编制单位： 年 月 日 单位：元

资产	年初数	期末数	负债及股东权益	年初数	期末数
货币资金			流动负债		
短期投资			短期借款		
应收票据			应付票据		
应收股利			应付账款		
应收利息			预收账款		
应收账款净额			应付工资		
其他应收款			应付股利		
预付账款			应交税费		
应收补贴款			其他应付款		
存货			一年内到期的长期负债		
一年内到期的长期债权投资			其他流动负债		
其他流动资产			流动负债合计		
流动资产合计			长期负债		
长期股权投资			长期借款		
长期债权投资			应付债券		
长期投资合计			长期应付款		
固定资产			专项应付款		
固定资产净值			其他长期负债		
固定资产净额			长期负债合计		
工程物资			递延税项		
在建工程			递延税款贷项		
固定资产清理			负债合计		
固定资产合计			实收资本		
无形资产			资本公积		
长期待摊费用			盈余公积		
其他长期资产			未分配利润		
递延税项			所有者权益合计		
递延税款借项					
资产合计			负债及所有者权益总计		

四、资产负债表的编制方法

（一）根据会计科目的总账余额直接填列

根据会计科目的总账余额直接填列就是说总账的余额是多少金额，在会计报表中的相关项目就直接填列多少金额。例如，“应付票据”“短期借款”等会计账户。

（二）根据会计科目的总账余额计算填列

根据会计科目的总账余额计算填列就是说会计报表中的有关项目的金额是根据若干个总账科目的余额合计数填列的。例如，“货币资金”项目是根据“库存现金”“银行存款”“其他货币资金”三个总账科目的余额加总填列的。又如，“存货”项目的金额是根据“原材料”“库存商品”“周转材料”“生产成本”“委托加工物资”等总账科目的余额加总填列的。

（三）根据会计科目的明细账余额分析填列

例如，“应收账款”“预收账款”“应付账款”“预付账款”等项目不能根据总账科目直接填列，而是要根据有关的会计科目的明细科目进行分析后填列。

例 12-1：

应收账款（A 公司）10 万元，应收账款（B 公司）20 万元，应收账款（C 公司）-5 万元；预收账款（甲公司）2 万元，预收账款（乙公司）-3 万元。请分析计算应收账款和预收账款金额分别是多少。

解析：应收账款的余额在贷方，它的性质已经发生了改变，变成了企业的负债；预收账款的余额在借方，它的性质已经发生了改变，变成了企业的资产。

因此，在资产负债表上填列的应收账款的金额 = 10+20+3 = 33 万元；预收账款的金额 = 2+5 = 7 万元。

例 12-2：

预付账款（A 公司）5 万元，预付账款（B 公司）15 万元，预付账款（A 公司）-3 万元；应付账款（甲公司）20 万元，应付账款（乙公司）10 万元，应付账款（丙公司）-5 万元。请分析计算应付账款和预付账款金额分别是多少。

解析：预付账款的余额在贷方，它的性质已经发生了改变，变成了负债；应付账款的余额在借方，它的性质已经发生了改变，变成了资产。

因此，此时资产负债表上预付账款应填列的余额 = 5+15+5 = 25 万元；应付账款的金额 = 20+10+3 = 33 万元。

（四）根据会计科目总账余额和会计科目明细账余额分析填列

其涉及账户主要是“长期借款”“长期应付款”“应付债券”“持有至到期投资”“可供出售金融资产”“长期应收款”，对于将于一年内到期的“长期借款”“长期应付款”“应付债券”“持有至到期投资”“可供出售金融资产”“长期应收款”这类账户的金额在账务上不需要进行会计处理。也就是说，并没有将于一年内到期的“长期借款”“长期应付款”“应付债券”“持有至到期投资”“可供出售金融资产”“长期应收款”

分别转入“短期借款”“交易性金融资产”等有关会计账户中，将其金额仍保留在这些账户中，但在编制会计报表时，应当从这些账户中分离出来，填入“一年内到期的非流动资产”“一年内到期的非流动负债”项目中。

例 12-3：

广州 A 股份有限公司于 2016 年 1 月 1 日将 60 万元银行存款购买广东甲公司发行的债券，合同中规定债券的发行期为 3 年。2014 年 1 月 1 日 A 公司购买广东 B 股份有限公司发行的债券 100 万元，合同中规定债券的发行期为 4 年。购买后 A 公司准备持有至债券到期。请分析 2016 年年末一年内到期的非流动资产和持有至到期投资的金额分别为多少。

解析：2016 年年末在资产负债表上填列的一年内到期的非流动资产为 100 万元，持有至到期投资为 60 万元。

（五）根据会计科目余额减去其备抵会计科目后的净额填列

应收账款净额=应收账款-坏账准备

固定资产净值=固定资产原价-累计折旧

五、资产负债表有关项目的具体填列方法

第一，“货币资金”根据“库存现金”“银行存款”“其他货币资金”三个会计科目的总账余额总和填列。

第二，“交易性金融资产”是根据“交易性金融资产”会计科目的总账余额填列的。

第三，“应收票据”根据“应收票据”总账余额直接填列。若计提了坏账准备，还应以减掉已经计提坏账准备后的金额填写。

第四，“应收股利”根据“应收股利”总账余额直接填列。

第五，“应收利息”根据“应收利息”总账余额直接填列。

第六，“应收账款净额”要根据每个账户的具体项目明细分析填列。同时要注意的是，此项目要以减去“坏账准备”账户后的余额填列。

第七，“其他应收账款”根据“其他应收账款”会计科目总账余额直接填列。若已经计提了坏账准备的，还要以减掉已经计提的坏账准备后的金额填写。

第八，“预付账款”不能根据该账户的总账余额直接填列，要根据各个明细项目分析填列。

第九，“存货”是根据“原材料”“库存商品”“生产成本”“产成品”“委托加工物资”“周转材料”“委托代销商品”“材料采购”这几个账户的总账余额的总和减去“受托代销商品款”“存货跌价准备”科目后的余额的金额填列的。如果材料采用计划成本核算，库存商品采用计划成本核算或售价核算，还应以加或减去材料成本差异、商品进销差价后的金额填写。

例 12-4：

A 公司于 2016 年 1 月 1 日用 80 万元银行存款购买甲公司发行的债券，合同规定时

间为2年，准备持有时间为25年。2016年1月1日A公司又购买某公司债券100万元，合同规定时间为5年，准备持有时间为5年。请分析A公司2016年年末一年内到期的非流动资产和持有至到期投资分别为多少。

解析：2016年年末A公司资产负债表上填列的一年内到期的非流动资产为80万元，持有至到期投资为100万元。

第十，“可供出售的金融资产”是反映持有的以公允价值计量的可供出售的股票投资、债券投资等金融资产。该项目是根据“可供出售金融资产”的总账余额直接填列的，若已经计提了减值准备的，还要扣除已经计提的减值准备后填列。

第十一，“持有至到期投资”是反映企业持有的以摊余成本计量的持有至到期投资。该项目是根据“长期股权投资”账户的总账余额直接填列的。若已经计提了减值准备的，还要扣除已经计提的减值准备后填列。

第十二，“长期应收款”是根据总账余额减去相应的未实现的“融资收益”科目和“坏账准备”科目所属相关明细科目期末余额后的金额填列的。

第十三，“长期股权投资”是根据该账户的余额直接填列的。若已经计提了减值准备的，还要扣除已经计提的减值准备后填列。

【特别提示】

对于上述“可供出售金融资产”“持有至到期投资”“长期应收款”“长期股权投资”等账户中的金额距离到期还只有一年的时间时，应将这些金额从这几个账户中扣除，填到“一年内到期的非流动资产”项目中。要想做到准确填列资产负债表中的这些项目，平时要做好台账等基础性工作。

第十四，“固定资产净值”是根据固定资产原价减去累计折旧和固定减值准备后的余额直接填列的。

第十五，“工程物资”是根据“工程物资”总账余额填列的。

第十六，“在建工程”是根据“在建工程”总账余额减去在建工程减值准备后的金额后填列的。

第十七，“固定资产清理”是根据“固定资产清理”总账余额填列的。如果余额在贷方，此处用负数表示。

第十八，“无形资产”是根据“无形资产”总账金额减去无形资产减值准备和累计摊销的金额直接填列的。

第十九，“开发性支出”反映企业开发无形资产过程中能够资本化形成无形资产成本的支出部分。该项目应根据“研发支出”所属的“资本性支出”明细科目期末余额填列。

第二十，“长期待摊费用”是根据是“长期待摊费用”总账余额直接填列的。长期待摊费用中的一年内（含一年内）摊销部分在资产负债表中的“一年内到期的非流动资产”项目填列。

第二十一，“递延所得税资产”是要根据“递延所得税资产”借方发生额填列的。

第二十二，“短期借款”是“根据短期借款”总账余额直接填列的。

第二十三，“应付票据”是根据“应付票据”总账余额直接填列的。

第二十四，“应付账款”根据每个明细账户的余额性质分析填列，不能根据总账余额直接填列。

例 12-5：

预付账款（A 公司）5 万元，预付账款（B 公司）15 万元，预付账款（C 公司）-3 万元；应付账款（甲公司）20 万元，应付账款（乙公司）10 万元，应付账款（丙公司）-5 万元。请分析预付账款和应付账款应填列的金额分别是多少。

解析：由于预付账款账户的余额在贷方，已经变成了负债；应付账款账户的余额在借方，已经变成了资产，因此此时资产负债表上预付账款应填列的金额是 5+15+5=25 万元，应付账款的金额是 20+10+3=33 万元。

第二十五，“预收账款”是根据“预收账款”的明细账户性质分析填列的，不能根据总账余额直接填列。

例 12-6：

应收账款（A 公司）10 万元，应收账款（B 公司）20 万元，应收账款（C 公司）-5 万元；预收账款（甲公司）2 万元，预收账款（乙公司）-3 万元。请分析应收账款和预收账款应填列的金额分别是多少。

解析：由于应收账款账户的余额在贷方，已经变成了负债；预收账款账户的余额在借方，已经变成了资产，因此此时资产负债表上填列的应收账款的金额是 10+20+3=33 万元。预收账款的金额是 5+2=7 万元。

第二十六，“应付职工薪酬”是按国家相关规定应付给职工的工资、职工福利、社会保险、住房公积金、工会经费、职工教育经费、非货币性福利、辞退福利等各种薪酬。外商投资企业按规定从净利润中提取的职工奖励及福利基金也在该项目内列示。

第二十七，“应付股利”是根据“应付股利”总账余额直接填列的，但发放的股票股利不在该项目内列示。

第二十八，“应交税费”是根据“应交税费”总账余额直接填列的，包括增值税、消费税、所得税、资源税、土地增值税、城市维护建设税、房产税、土地使用税、车船使用税、教育费附加、矿产资源补偿费等，企业代扣代缴的个人所得税也通过该项目列示。企业缴纳的税金不需要预计应交数的，如印花税、耕地占用税等，不在该项目内列示。如应交税费的余额在借方，以负号列示。

第二十九，“其他应付款”是根据“其他应付款”总账余额直接填列的。

第三十，“应付利息”是根据“应付利息”期末余额直接填列的。

第三十一，“应付股利”是根据“应付股利”期末余额直接填列的，企业分配的股票股利不通过该项目列示。

第三十二，“一年内到期的非流动负债”是反映非流动负债项目中将于资产负债表日后一年内到期部分的金额。

第三十三，“长期借款”是反映企业向银行和其他金融机构借入的期限在一年以上（不含一年）的各项借款，一年以内的借款将会填在“一年内到期的非流动负债”项目中。

例 12-7：

广州 A 股份有限公司于 2016 年 1 月 1 日向中国工商银行广州分行借款 100 万元，借款期限为 6 年。A 公司于 2015 年 1 月 1 日向中国建设银行广州分行借款 200 万元，借款期限为 3 年。在 2016 年 12 月 31 日编制资产负债表时，应将建设银行借款 200 万元填入“一年内到期的非流动负债”项目中，而不应填在“长期借款项目”中。

第三十四，“预计负债”是根据“预计负债”账户余额直接填列的。

第三十五，“应付债券”是根据“应付债券”账户总账余额直接填列的。

第三十六，“长期应付款”是根据“长期应付款”账户总账余额减去“未确认融资费用”科目余额直接填列的。

第三十七，“递延所得税款负债”是根据“递延所得税负债”科目的贷方发生额直接填列的。

第三十八，“实收资本”是根据“实收资本或股本”账户的总账余额填列的。

第三十九，“资本公积”是根据“资本公积”账户的总账余额直接填列的。

第四十，“库存股”反映企业持有尚未转让或注销的本公司股份金额，该项目应根据“库存股”科目的期末余额填列。

第四十一，“盈余公积”是根据“盈余公积”账户的总账余额直接填列的。

第四十二，“未分配利润”是根据“利润分配”账户的总账余额直接填列的。若余额在借方，此处填负数。

例 12-8：

广州 A 股份公司为增值税一般纳税人，增值税税率为 17%，所得税税率为 25%，该公司 2016 年 1 月 1 日有关科目余额如表 12-4 所示：

表 12-4 科目余额表 单位：元

科目名称	借方金额	科目名称	贷方金额
库存现金	4 000	短期借款	600 000
银行存款	2 560 000	应付票据	400 000
其他货币资金	248 600	应付账款	1 907 600
交易性金融资产	30 000	其他应付款	100 000
应收票据	492 000	应付职工薪酬	220 000
应收账款	600 000	应交税费	73 200
坏账准备	-1 800	应付利息	2 000
预付账款	200 000	长期借款	1 200 000
其他应收款	10 000	其中一年内到期长期负债	2 000 000
材料采购	450 000	股本	10 000 000
原材料	1 100 000	盈余公积	200 000
周转材料（包装物）	76 100	利润分配（未分配利润）	-100 000
周转材料（低值易耗品）	100 000		
库存商品	3 433 900		

表12-4(续)

科目名称	借方金额	科目名称	贷方金额
长期股权投资	500 000		
固定资产	3 000 000		
累计折旧	-800 000		
在建工程	3 000 000		
无形资产	1 200 000		
长期待摊费用	400 000		
合计	16 602 800		16 602 800

该公司 2016 年 1 月发生以下业务，请根据相关业务编制相应会计分录，并编制 1 月会计科目试算平衡表、利润表、资产负债表。

(1) 1 月 2 日收到银行通知，用银行存款支付到期的商业承兑汇票 200 000 元，增值税已于前期支付。

借：应付票据　　200 000

　贷：银行存款　　200 000

(2) 1 月 3 日购入原材料一批，用银行存款支付货款 300 000 元，增值税进项税额 51 000 元，取得增值税专用发票，款项已付。材料尚未收到。

借：在途物资　　300 000

　　应交税费——应交增值税——进项税额　　51 000

　贷：银行存款　　351 000

(3) 1 月 15 日收到原材料一批，实际成本为 300 000 元，材料已验收入库。

借：原材料　　300 000

　贷：在途物资　　300 000

(4) 1 月 6 日用银行汇票支付材料采购价款，收到开户银行转来银行汇票多余款收账通知，通知单上填写的多余金额为 468 元，支付不含税的材料及运费 199 600 元，支付增值税 33 932 元，取得了增值税专用发票。原材料已验收入库。

借：原材料　　199 600

　　应交税费——应交增值税——进项税额　　33 932

　　银行存款　　468

　贷：其他货币资金　　234 000

(5) 1 月 7 日销售产品一批给广州乙公司，销售价款为 600 000 元（不含应收取的增值税）。该批产品实际成本为 360 000 元。产品已发出，价款未收到。

借：应收账款　　702 000

　贷：主营业务收入　　600 000

　　　应交税费——应交增值税——销项税额　　102 000

借：主营业务成本　　360 000

　贷：库存商品　　360 000

(6) 1月8日购入不需要安装的生产设备1台，价款为170 940元，增值税进项税额为29 060元，取得了增值税专用发票，发生的运费为2 000元，没有取得运输专用发票。价款、税款及运费均以银行存款支付。设备已交付使用。该设备生产的产品是需要缴纳增值税的。

借：固定资产　172 940

　　应交税费——应交增值税——进项税额　29 060

　贷：银行存款　202 000

(7) 1月10日，购入工程物资一批，价款为300 000（含已支付的增值税），已用银行存款支付。该工程物资是准备用来建造生产厂房的。

借：工程物资　300 000

　贷：银行存款　300 000

(8) 前期借款用来建造一项生产设备，该项生产设备已经完工投入生产使用。1月30日计算本月应负担的长期借款利息为300 000元，该项借款本息未付。

借：财务费用　300 000

　贷：应付利息　300 000

(9) 1月20日基本生产车间1台机床报废，原价400 000元，已提折旧360 000元，发生清理费用1 000元，取得残值收入1 600元，均通过银行存款收支。该项固定资产已清理完毕。

借：固定资产清理　40 000

　　累计折旧　360 000

　贷：固定资产　400 000

借：固定资产清理　1 000

　贷：银行存款　1 000

借：银行存款　1 600

　贷：固定资产清理　1 600

借：营业外支出　39 400

　贷：固定资产清理　39 400

(10) 1月21日销售产品一批，销售价款为1 400 000元，应收取的增值税销项税额为238 000元，销售产品的实际成本840 000元，货款及税款已存入银行。

借：银行存款　1 638 000

　贷：主营业务收入　1 400 000

　　应交税费——应交增值税——销项税额　238 000

借：主营业务成本　840 000

　贷：库存商品　840 000

(11) 1月22日收到北京一家公司丙的捐款60 000元，已存入银行。

借：银行存款　60 000

　贷：营业外收入　60 000

(12) 1月28日计提应付的职工工资580 000元，分配计入有关成本费用中。其中，生产人员工资550 000元，行政管理人员工资30 000元。

借：生产成本　　550 000
　　管理费用　　30 000
　贷：应付职工薪酬　　580 000

(13) 本月基本生产车间为生产产品领用原材料，成本为500 000元。

借：生产成本　　500 000
　贷：原材料　　500 000

(14) 1月30日计提固定资产折旧400 000元，其中计入制造费用340 000元，计入管理费用60 000元。

借：制造费用　　340 000
　　管理费用　　60 000
　贷：累计折旧　　400 000

(15) 1月31日将本期的制造费用转入生产成本。

借：生产成本　　340 000
　贷：制造费用　　340 000

(16) 1月31日计算并结转本期完工产品成本1 390 000元，没有期初在产品，本期生产的产品全部完工入库。

借：库存商品　　1 390 000
　贷：生产成本　　1 390 000

(17) 1月25日用银行存款支付产品展览费20 000元。

借：销售费用　　20 000
　贷：银行存款　　20 000

(18) 1月31日计算本期应缴纳的增值税、城市维护建设税（7%）、教育费附加。

应交的城市维护建设税 = 226 008×0.07 = 15 820.56（元）

应交的教育费附加 = 226 008×0.03 = 6 780.24（元）

借：税金及附加　　22 600.8
　贷：应交税费——应交城市维护建设税　　15 820.56
　　　应交税费——教育费附加　　6 780.24

(19) 1月31日将各收支科目发生额结转至本年利润账户中。

借：本年利润　　1 672 000.8
　贷：主营业务成本　　1 200 000
　　　税金及附加　　22 600.8
　　　管理费用　　90 000
　　　营业外支出　　39 400
　　　销售费用　　20 000
　　　财务费用　　300 000

借：主营业务收入　　2 000 000
　　营业外收入　　60 000
　贷：本年利润　　2 060 000

该公司2016年1月会计科目试算平衡表、利润表、资产负债表分别如表12-5、表12-6、表12-7所示：

表12-5　　1月会计科目试算平衡表　　单位：元

科目名称	借方金额	贷方金额
银行存款	1 700 068.00	1 074 000.00
应付票据	200 000.00	
在途物资	300 000.00	300 000.00
应交税费（增值税）	113 992.00	340 000.00
应交税费（其他税种）		22 600.80
原材料	499 600.00	500 000.00
其他货币资金		234 000.00
应收账款	702 000.00	
主营业务收入	2 000 000.00	2 000 000.00
主营业务成本	1 200 000.00	1 200 000.00
库存商品	1 390 000.00	1 200 000.00
固定资产	172 940.00	400 000.00
工程物资	300 000.00	
财务费用	300 000.00	300 000.00
固定资产清理	41 000.00	41 000.00
累计折旧	360 000.00	400 000.00
营业外支出	39 400.00	39 400.00
应付利息		300 000.00
营业外收入	60 000.00	60 000.00
生产成本	1 390 000.00	1 390 000.00
本年利润	1 672 000.80	2 060 000.00
管理费用	90 000.00	90 000.00
应付职工薪酬		580 000.00
制造费用	340 000.00	340 000.00
销售费用	20 000.00	20 000.00
税金及附加	22 600.80	22 600.80
合计	12 913 601.60	12 913 601.60

表 12-6　　　　　　　　　　**利润表**

编制单位：广州 A 股份有限公司　　　　2016 年 1 月　　　　单位：元

项目	行次	本月数	本年累计数
一、营业收入	1	2 000 000	2 000 000
减：营业成本	2	1 200 000	1 200 000
税金及附加	3	22 600.8	22 600.8
销售费用	4	20 000	20 000
管理费用	5	90 000	90 000
财务费用	6	300 000	300 000
资产减值损失	7	0	0
加：公允价值变动收益	8	0	0
投资收益	9	0	0
二、营业利润	10	367 399.2	367 399.2
加：营业外收入	11	60 000	60 000
减：营业外支出	12	39 400	39 400
三、利润总额	13	387 999.2	387 999.2
减：所得税费用	14	0	0
四、净利润	15	387 999.2	387 999.2

表 12-7　　　　　　　　　　**资产负债表**

编制单位：广州 A 股份有限公司　　　　2016 年 1 月 31 日　　　　单位：元

资产	期初金额	期末金额	负债及所有者权益	期初金额	期末金额
货币资金	2 812 600.00	3 204 668.00	短期借款	600 000.00	600 000.00
交易性金融资产	30 000.00	30 000.00	应付票据	400 000.00	200 000.00
应收票据	492 000.00	492 000.00	应付账款	1 907 600.00	1 907 600.00
应收账款净额	598 200.00	1 300 200.00	其他应付款	100 000.00	100 000.00
预付账款	200 000.00	200 000.00	应付职工薪酬	220 000.00	800 000.00
其他应收款	10 000.00	10 000.00	应交税费	73 200.00	321 808.80
存货	5 160 000.00	5 349 600.00	应付利息	2 000.00	302 000.00
流动资产合计	9 302 800.00	10 586 468.00	一年内到期长期负债	2 000 000.00	2 000 000.00
长期股权投资	500 000.00	500 000.00	流动负债合计	5 302 800.00	6 231 408.8
固定资产	2 200 000.00	1 932 940.00	长期借款	1 200 000.00	1 200 000.00
工程物资		300 000.00	非流动负债合计	1 200 000.00	1 200 000.00
在建工程	3 000 000.00	3 000 000.00	负债合计	6 502 800.00	7 431 408.80
无形资产	1 200 000.00	1 200 000.00	股本	10 000 000.00	10 000 000.00
长期待摊费用	400 000.00	400 000.00	盈余公积	200 000.00	200 000.00
非流动资产合计	7 300 000.00	7 332 940.00	未分配利润	-100 000.00	287 999.20
			所有者权益合计	10 100 000.00	10 487 999.20
资产合计	16 602 800.00	17 919 408.00	负债和所有者权益合计	16 602 800.00	17 919 408.00

参考文献

[1] 财政部会计司编写组. 企业会计准则讲解 2010 [M]. 北京：人民出版社，2010.

[2] 中国注册会计师协会. 会计 [M]. 北京：中国财政经济出版社，2016.

[3] 财政部会计资格评价中心. 中级会计实务 [M]. 北京：经济科学出版社，2016.

参考文献

[1] [illegible]2010[M]．北京：人民出版社，2010．

[2] [illegible]

[3] [illegible]